感謝

這本書的誕生，有些必須感謝的貴人——

感謝所有讀者們分享的溫暖，讓我在難過時知道自己並不孤單。

感謝「時報出版」的編輯同仁，讓我明白海賊王不是我唯一的價值。

感謝我的公司「台灣360」，讓我在上班時間寫作，

並在我被誤解的時候給予接納。

感謝我的父母，這些小小的成績來自你們的悉心栽培。

因為你們所有人，我才能擦乾眼淚勇敢出發。

感謝，真摯的！

冒牌生 寫於2014.08.19 本書正式印刷前夕

為夢想跌倒，痛也值得！

冒牌生——著

作者序

從失敗談起，用熱忱出發

有一次，我應邀到就業服務站談「夢想」，向在場民眾分享自己成長的故事，並鼓勵他們持續相信未來仍有無限的可能。演講結束後，有位聽眾戴著墨鏡、大草帽和口罩，握緊拳頭舉手提問：「你看起來沒吃過什麼苦頭。剛才聽你分享的都是成功案例，好比說出國讀書，回臺工作，到後來的出書、演講，我很好奇你到底有沒有受過挫折？」

當然有，而且還不少。有多少次的成功，背後就有更多次的挫折。但這個社會崇尚成功，很少有人願意靜下心傾聽「失敗」，就算談到失敗也多半希望聽到失敗後鹹魚翻身的故事。漸漸的，我們聽習慣了夢想和成功，忘記真實世界裡，那些跌落谷底的、破產的、失業的，絕對比反彈回升的案例來得多！

他的話更堅定了我的信念。

我想寫一本書，不透過成功來尋找失敗的理由，而是直接談談人該如何面對課業、

工作，以及情感上的挫折。畢竟現實生活中，即使是奮鬥到底，也有功虧一簣的可能。但唯有完全瞭解自己的脆弱和不足，勇敢的面對挫折、承擔失敗，才能認清內心最核心的價值。

這些道理，不見得跟成功有關，但遠比宣揚成功的故事來得更深刻，有意義。

於是，這次的故事將從挫折開始談起……

求學時期，我最大的挫折來自人際關係。人在異鄉求學，無論是在大陸或紐西蘭，我都無法完全融入，總在尋找認同。

尤其十歲那年跟著父母的工作到大陸求學，一待就是五年，那時兩岸交流不像現在頻繁，劍拔弩張的氣氛，讓身為臺灣人的我很容易被某些同學捉弄。課本被亂塗鴉、抽屜被塞滿垃圾都是家常便飯，甚至有一次帶到學校的水壺被灌滿尿，領頭的同學還頻頻問道：「這是什麼，你要不要喝喝看？」

多年後，最常欺負我的老同學寄來一封信，他為當年的往事致歉，並關心我的近

況。我看完後，直接把信丟到垃圾桶，不屑一顧。那段時間很不好受，充斥著我不願再提起的失敗與挫折。

但是沒多久，我後悔了。我忘了正是因為他，才讓我深刻體會到人與人之間的差異，必須透過瞭解才能化解，那份體悟讓我在紐西蘭的求學階段交到了許多來自大陸的好朋友；也正是因為他的刺激，讓我決心邁向作家之路，透過文字的力量寫出人應該更尊重彼此的文化差異，用一顆更包容的心與不同習慣的人相處。如果當初留在臺灣求學，也許就沒有那麼多難以忘懷的經驗，造就如今創作的動力。

踏入職場後，我認為找到一份穩定的工作就等於踏上成功的坦途，因此很在乎第一份工作的起點。

那次求職，我擊敗眾多求職者，得到一家知名企業的工作機會，通過執行長、總裁的重重考驗，爭取到不錯的薪水和福利。

一個月後，面對理想和現實的龐大落差，初出社會的我深感挫折，拋下辭呈選擇離

開。那是一種奇特的矛盾心理作用——好不容易得到了，卻又輕易放下。正式提出辭呈前，親友們紛紛苦勸三思，父母氣得斷了我的金援。畢竟那份工作得來不易，當時又正逢金融海嘯尾聲，很多朋友尚且領著二二K圖個溫飽，而我居然任性的在下一份工作尚無頭緒的狀況下就貿然離職。

年輕氣盛的我告訴自己，與其做一份不喜歡的工作，不如朝著從小的寫作夢想前進。沒想到挫折接二連三報到，連續兩個月的投稿音訊全無，所有面試的工作統統滑鐵盧，再加上年關將近，求職難上加難，最後差點連面試的車資都拿不出來。經濟的壓力讓我一度後悔衝動離職，並感慨寫下「投一張履歷是在尋找夢想，投一百張履歷會讓你認清現實」。

最終我還是找到一份新工作，但失業三個月的彷徨太過刻骨銘心，我終於明白，**完成夢想的前提是，必須有滿足基本生活需求的能力。**

成功有時候就像尋夢之旅的包袱，在這條任重道遠的路上，如果總想著得到，忘

記肩膀承載的重量有限，最終只會被一個個沉重的包袱壓垮。

《海賊王驚點語錄》系列出版後，讓我滿心以為可以穩健的朝作家之路邁進，可是沒多久，我經歷了第一次的負面新聞洗禮，被一連串的質疑攻擊得體無完膚——「別再看阿宅腦補的驚點語錄」、「海賊王驚點語錄侵權」、「冒牌生抄襲」等抗議接踵而來。

關於抄襲，指的是我的第一本書開篇寫了好友班恩的離開，那是我心中不願去面對的痛。畢竟要提筆寫下好友的與世長辭，就像重新挖掘自己的傷口，逼自己尋找那個只能活在記憶裡的朋友。

為了詮釋對班恩的緬懷之情，我在創作的過程中大量閱讀，因此在文章的架構上讓讀者感到雷同，真的感到很抱歉。但書中的故事都是我曾經歷過的事，只是現實生活並不像故事中美好，為了保護朋友和家人，必須經過添加或修改，但自始至終，我都是秉持著將語錄背後的故事和從《海賊王》得到的感悟分享給讀者的心情。

至於粉絲團經營，我一直以分享為前提，有些文字是自己寫的，有些是在網路上看

到的、有感觸的東西，沒有清楚標示，確有疏忽。於是，我在臉書上發表聲明，對引起的社會紛爭道歉，並關閉了經營兩年多的粉絲團。

原本以為這樣可以回到平靜的生活。可是正因為關閉粉絲團的舉動和聲明稿，讓各大新聞媒體做了報導：「被指抄襲，冒牌生公開道歉。」

表面上我作息如常，但腦袋老是胡思亂想，似乎做什麼都不對。無奈、沮喪、憤恨、厭惡的情緒向我席捲而來。

那陣子我最怕親友突如其來的關心，因為他們是我在意的人，為了不讓他們擔心，我必須故作堅強，有時反而是我要給予安慰；可是在夜深人靜，用盡力氣，拋開不屑一顧的假瀟灑脫後，總是輾轉難眠。

眼看著好幾年的心血瞬間瓦解，說不難過是騙人的，沒有人比我更能感受這次的傷害有多大；親友們鼓勵我繼續逐夢，但我不曉得到底該怎麼繼續。

新聞播出那天，出版社打了好多通電話給我，母親在我身旁。一連三通來電，我急著問編輯：「下一本書呢，還能出下一本書嗎？」

電話另一頭的出版社編輯說：「你還年輕，已經出了兩本暢銷作品，這是很多人一輩子都做不到的事了。接下來可以回到職場啊……」

我就算再傻也聽明白話中含義，但仍不死心地再問：「可是作家是我的夢想啊，真的沒有了嗎？」隨後說了很多語無倫次的話，只希望得到一個肯定的答案。

默默陪在一旁的母親看著我，眼中有許多難以形容的情緒。

掛了電話後，母親劈頭罵道：「你為什麼要一直問編輯能不能再出書？你已經連續問了三遍就知道答案不樂觀，不是嗎？身為編輯有公司的立場和考量，不是他願意幫你出就沒問題的！」

「我慌啊！」我急著回答。

「作家的夢想到底是你的還是他的？你若有心朝著這個方向走，一條路斷了，難道沒有別條路繞過去嗎？」

當下我聽不進去任何的話，只知道書沒有了，路斷了。我失去了我的讀者，我的粉絲團，我的作家夢。

「出版社已經不再幫我出書了。我有可能沒機會再出書了，因為已經沒有人要看我的東西了。在他們心中我永遠都是一個冒牌貨。」

我講完再也忍不住眼淚，第一次為了這件事情緒崩潰而哭。看著我的作家夢一路走來跌跌撞撞的媽媽也哭了，是為了我流的淚。那些為我流的淚，讓我的心更痛更自責。甚至現在回想，原本以為已經止住的情緒，還是會拚了命的從眼眶跑出來。

一直沉澱好幾個月後我才逐漸明白，**不要再讓關心我的人傷心，也別再為那些已經失去的東西難過。**

怎麼明白的？

人總是在無路可走的時候，心境才會豁然開朗。

那陣子我收到了無數封的讀者來信鼓勵，每收到一封我就會機械般的回應：「我沒有放棄，我會繼續努力。」但我很清楚，這些空洞的回應，只是說得好聽罷了。

只是，讀者、網友們持續送來的溫暖，讓我發現自己並不孤單。

媽媽的話也點醒了我：「若有心朝著這個方向走，一條路斷了，難道沒有別條路繞過去嗎！」

是啊，兩點之間最近的距離不見得是直線，因為現實的路途中會有山、有海，不見得有路；我們常在過程中被挫折擊垮，但**如果真心想抵達夢想的遠方，讓你倒下的永遠不是對手，而是自己那顆絕望的心。**

一個月後，臉書的新加坡業務和我取得聯繫，他得知我申請刪除粉絲團的消息後回覆願意協助重新開始，這對我來說是莫大的肯定。於是調整方向，修正錯誤後，我又再度開始經營粉絲團。

原來，真正的夢想就是要經歷一次次的失敗後，仍不懷憂喪志。這個道理，此時此刻我終於徹底懂了。

後來我開始思考，自己到底是為何而寫作？為什麼想寫作？是為了熱愛寫作而寫作，還是為了出書而寫作？

這次我告訴自己從零開始，以熱愛寫作的心重新出發，不再懷憂喪志，為自己真正

在意的人而活。我告訴自己，故事將從失敗開始談起，因為挫折不是終點，它永遠是一個逗點，給我們機會卸下渴望成功的沉重包袱，重新整頓，讓我們認清信念和自我價值，邁向更遠的遠方。

我仍會繼續寫下去，為我的夢想而努力。

CONTENTS

目錄

2 人生籌碼與價值，靠累積

3 謝謝那些批評你的人

CHAPTER

1

學習，一場無止境的冒險

- 小時候，我相信自己有能力改變世界；長大以後卻發現，要很努力才能不被世界改變。
- 笑不需要任何理由，哭卻可以有很多說不清的理由。
- 任何事只想著得到，那是必然會讓你失望的。
- 萬念俱灰時，正是成長的時候。
- 迷惘不好受，卻是成長的證據。

01 先學習，再圓夢

當你的才華還撐不起你的野心時，你要做的是靜下心來學習。

求學期間，大家或多或少都碰過這種狀況：你發現自己不好也不壞，想做自己想做的事，卻又擔心無法出眾而作罷。高中時擔心「是不是要考國立大學，未來就業才有保障？」如願以償地進入了大學後，又怕「高等學歷被稀釋，似乎要讀研究所才會有競爭力。」過多的憂慮讓自己裹足不前，甚至懷疑自己、否定自己，迷惘著自己的未來是否會因為學歷不足而失去競爭力……

我和大多數學生一樣，求學時也對未來迷惘，不曉得究竟書要讀到什麼程度才夠？雖然知道人人有機會，心裡卻是個個沒把握。每當想跳脫既有制度，做一些特立獨行的決定時，又擔心不確定因素太多，寧願選擇屈就於原有的社會規範，以求一份保險和心安。

社會以分數、名次掛帥，當你無法以成績取勝時，這個社會的價值判斷會殘酷的說明你和別人的差距，於是你變得更茫然，不明白求學的意義何在。雖然不服氣，但社會絕大多數人似乎就是這麼認為：人生一定要好好讀書，通過考試求取高學歷，未來才有出息。

這樣的話語不斷在周遭出現，透過大眾媒體傳播到每個人的腦袋。可是聰明如你不禁反問：難道高學歷才有高成就？難道人生不能自己安排？

我在紐西蘭讀大學時也是那種不重課業的學生。對課本心不在焉，卻在網路、社群、樂評中投注相當多的時間。外國學風開放，上課不用點名，功課不會有人逼你，只要繳足學費，要混還是苦讀都是自己的選擇，這也讓我有更多時間從事喜歡的娛樂。

當時有位很會讀書、又有人生目標的馬克斯學長，我們交情很好，但他看不慣我一天到晚守著筆電，時間不花在讀書，老在網路上爬文寫部落格。

為了讓我多讀點書，他常試圖在課後與我相約到二十四小時開放的電腦教室通宵念書。可惜不知長進的我，總是左耳進右耳出，自習時間絕大多只有馬克斯學長在念書，而我則上網寫部落格，記錄生活瑣事。

每次只要寫部落格，學長就會苦口婆心地規勸：「你可以不要再浪費自己時間了嗎？我們是來這裡讀書的耶。」

我明白馬克斯學長的好心，可是每次聽到他的話，心裡多少還是有些怨懟，總覺得沒人瞭解心中所想。

一天課後，馬克斯學長又找我到電腦教室熬通宵。沒多久，我故態復萌的手癢上網寫文章。他無奈的念了幾句，讓我終於爆發了。

「學歷到底有多重要？為什麼想做的事情沒有一扇窗或者一條路讓我前進？為什麼學校教我們的事情總是有那麼多的教條式框框架架？難道我不能做我自己想做的事嗎？難道讀書就真的那麼重要嗎？」

我吼得憤慨莫名，完全聽不進馬克斯學長的話。

這件事雖然沒有影響我們的友誼，但他再也不對我的舉動加以規勸。

接著我為了證明自己的能耐，整理歷年的部落格文章，打算結集成冊投稿。沒想到居然順利出了一本到大陸求學的小說。書出版後，我炫耀式的拿到學長面前擺譜。現在想想實在幼稚至極，而且，那本大陸求學的小說賣得並不好，自此之後，我一連好幾年投稿更是石沉大海，下一部作品遙遙無期。

面對寫作路上的初次挫敗，我不願意跟任何人傾訴，尤其是馬克斯學長，我總認為他嘴巴上不說，心中一定抱持著一種「看吧，早跟你說了」的心情。

我開始質疑自己是否有寫作的才能，並開始幫作品不受歡迎尋找理由。「一定是因為我常年在國外求學，沒有中文底子，不會寫中文，只會打字，大家一定都覺得我腦袋空空，一無所知……所以才沒有讀者喜歡我的作品，所以才沒有出版社願意幫我出書。」

這些自我厭惡的情緒持續了許多年，仍然無解。因為找不到出版社，推出下部作品的日子遙遙無期，我心中越來越抗拒這個夢想，雖然很想繼續做，卻又缺乏執行的動力，只能在原地踏步。

五年多後，我出了社會，進入職場工作，作家的夢想已經變成遙不可及的一件事。有次，在臉書看到一張網友瘋傳的照片，那張照片列舉了三位大學休學卻成功的名人，包括臉書創辦人馬克祖克柏、蘋果電腦創辦人賈伯斯，以及微軟創辦人比爾蓋茲，但圖片的末端卻出現一位眼睛被馬賽克的臺灣超商店員，文字反諷著「他大學畢業」。

這則網路諷刺圖文是網友嘲諷臺灣高等學歷被稀釋的產物。底下眾多的臺灣網民留言紛紛感嘆學歷無用，就算大學畢業也比不過沒讀完大學的老外，那麼何必求學啊？

這些圖文帶給我很多的衝擊，尤其是圖文引發的一連串留言，猶如當年我對馬克斯學長咆哮的翻版：**「讀書到底有什麼用？我們爲何不能決定自己未來的人生？」**

於是我開始瘋狂的爬文。爬文的過程中，我豁然發現組圖中的三位企業家**不是因爲休學才達到現在的成就，而是休學前就已經具備了足夠的實力，帶著義無反**

顧的決心追求目標。

很多人只看到賈伯斯的休學，卻忽略他繼續在大學裡旁聽課程；馬克祖克柏在大學時期總是犧牲多彩多姿的校園活動，窩在宿舍寫臉書的程式雛形；比爾蓋茲確實沒有完成哈佛學歷，但在某次媒體訪談中，他展示自家書房，裡面擺滿母校哈佛大一至大四必修的課本，上面寫滿了自學的注解。

慢慢的，離開學校好多年的我才能體會學長的苦口婆心。他想表達的從來不是學歷至上，更不是萬般皆下品，唯有讀書高。他只是想告訴我：**「當你的才華還撐不起你的野心時，你要做的是靜下心來學習。」**

這句話後來在網路上也有類似說法，無論哪一種說法，重點都該放在「靜下心來學習」。

靜下心來學習，指的不只是學校提供的那一紙學歷證明，更重要的是，你是否能保持一顆謙遜的心，思考自己的天分、特質、興趣、夢想？又為了那些夢想做出何種準備？是否具備不計成敗、不管未來如何仍奮勇向前的勇氣？

上述的問題，我不敢一一的肯定回答。

可是，如果只是把問題歸責於沒有系統性的學習中文，那麼對未來的作家路是絲毫沒有助益的。為了不讓自己一無所知，我決定大量閱讀，研讀網路、實體的文字作品，再試著用自己的方式思考、理解。

又一陣子，我決定試著寫一篇沉澱過的文章，便針對上面那張熱門的組圖寫了一篇回應。沒想到竟得到一萬九千個讚，四千五百多次分享轉發！

雖然有些網友留言：「認真你就輸了」，說我沒必要對網路流傳的內容太過認真，但那次網友們的按讚和轉發仍替我打了一劑強心針。

每個人都有權利追求自己的心中所求，但總是想得太多，做得太少。與其僵持沒有得到的事物，不如把已知的缺憾作為動力持續付出。

把問題歸咎於外部環境、先天不足或者其他各式各樣的因素，是一件最容易的事，但如果真的想透過挫折「拉進你與夢想之間的距離」，就必須先用更踏實的態度面對本身的不足。

人生路很長，趁著自我檢視的機會激勵自己，保持一顆持續學習的心，遠勝於一紙學歷能夠證明的價值。

02 努力過，不需要後悔

別為已做過的事情後悔。生活不是電影，別老想著重複播放。

考試失利是求學階段常見的問題，如果一開始沒努力過也就罷了，偏偏很多時候是付出努力後卻高分落榜，那種情況最叫人不甘心。

有位女高中生曾向我訴苦，今年高三的她以落後〇・七分的成績落榜，由於學校是獨招，因此無法進入第二階段面試。她很想再拚一次明年學測，但身旁的老師和朋友都說不值得。當中最大的問題是課綱不同了，更別說即使再努力一年也不一定會上。她很猶豫，雖然覺得要讀大學就該認真地讀，自己也願意花一年的時間換來後面想要的四年大學生活，但還是害怕失敗。

「你有打電話到學校，表達自己的決心嗎？」我問。

「有，」她沮喪的說，可是承辦人員表示，由於沒有通過第一階段所以只能等明年

再試一次。她差點就帶著準備好的備審資料殺去校長室，結果被姊姊攔下……最後她問：「如果你遇到相同的情況會怎麼辦，是否該用一年的時間降級重考，讓自己不要後悔？」

其實，我從小就不是「考試勝利組」，雖說成績不到吊車尾的程度，卻也很少名列前茅。求學的過程中，我曾遇過三次「降級」危機。

第一次是十歲那年隨著父母到大陸，礙於兩岸的課綱和文化差異，對岸的老師建議我降級，後來在繳交了一筆「贊助費用」後，才得以維持原本的年級入學。

十五歲回臺灣那一年，臺灣的老師告訴我，高一已經不是義務教育，我從前的大陸學歷不被承認，如果不降級讀國三就無法入學。

我不想降級，又拿不出解套的辦法，最終選擇了出國到紐西蘭讀高中。

到了紐西蘭，學校老師需要瞭解我的英語程度，才能分發到適合的班級。那天我做了幾次綜合性的英語鑑定，無論聽說讀寫都要被考核。成績出爐後，我只有相當於當

地國三的程度，但我那年應該就讀高一，所以學校老師面有難色的告訴我：「可能要降級一年。」

聽完老師的話，我鼓起勇氣用結結巴巴的英文回應：「我我我就是因為現在的程度只有國三，所以我才來這裡學高中英文啊……」老師聽著我的破英文忍著沒笑，但看在我堅定的份上，同意維持原本的年級。

所以我想，若是遇到那位女孩的狀況，我會真的拿著備審資料到校長室，試圖為自己爭取最後一次機會。但若最終結果無法改變，我也不會堅持重考，反而會趕緊思考**第二個最好的選擇。**

那位女高中生說得好：「要讀大學就該認真地讀。」但認不認真不完全取決於環境，更取決於自己是否願意付出的心。而我們也更需要瞭解，在求學的階段，不是只有特定的大學才值得認真付出。

十年前，我考大學時也曾落榜第一志願，但沒有選擇再次挑戰，而是選擇進入另一

間大學就讀大一。第二年再透過轉學的方式進入原本的第一志願。因為當時身為國際學生，學費是一個沉重的負擔，再加上時間寶貴，不能浪費。**夢想很美，但實踐時必須考慮現實狀況**。與其再耗費一年重考，不如用現有的資源尋找另一個出口。

後來我又問了這位高三女生，為何對這所沒錄取的學校有所堅持？

她回答了好多好多：「學校的課程，學校的風格，學校對學生的態度……」她曾經參加一次那間學校舉辦的活動，坐在大大的教室裡，看著學校的介紹影片，看著看著突然淚流滿面，連自己都很驚訝。而且更奇妙的是，她雖然去過很多大學參觀，但從踏進那所學校的那刻，就有一種回到家的感動，很激動、興奮。

簡而言之，憑著一股直覺，她覺得那裡就是自己一直在尋找的地方。

這又讓我想到國三時在某間學校不得不說的故事……

那年我國二升國三，隨著父母的腳步到上海，我和父母為了熟悉環境、選擇一所最適合的學校，參訪了三所學校。

其中有一所全英語教學的學校，老師們全是金髮碧眼的外國人，學校的各項設施和為學生們舉辦的眾多校園活動，宛如美國校園電影的場景。我參訪時被迷住了，當晚就告訴父母那就是我夢寐以求的學校！

這個決定有點冒險，因為以前我都是在中文為主、英文為輔的學校就讀，從來沒有試過全西式教育。父母擔心我的英文程度跟不上，也很難適應另一種教育風格，但在我的再三保證下，還是進入了這所只在好萊塢電影出現的學校就讀。

沒想到夢魘也就此開始。

原本我和父母都以為，我的英文程度足以應付學校的課程，可是成績就像溜滑梯一樣，從中段班直落到墊底。

那段時間真的很難熬，英文變成了一種折磨，我發現自己的英文根本不夠看。可是我不是沒讀書，而是再怎麼讀也沒用，就算用字典查出所有生字的意思，湊在一起還是不得其意。

不只英文令人沮喪，就連文化上也格格不入。

記得當時我選修了一堂音樂分享課，外國的老師希望學生們介紹近期在聽的音樂。那些早熟的老外同學們全都介紹有個性的嘻哈、饒舌、搖滾歌手，唯有我一人介紹了中文芭樂情歌。

礙於老師在場，同學們沒把譏諷表示得太明顯，但看著他們心不在焉，還有嘴角憋笑的模樣，我知道自己成了校園大怪咖。

原本夢寐以求的學校讓我整整痛苦了一年。

那年，我在學校因為英文不好幾乎沒開口，再加上沒有朋友只能封閉自己。周遭只圍繞著幾個同病相憐的臺灣朋友，腦袋彷彿被束縛似的一片茫然，我過得一點也不開心，直到後來到了紐西蘭，換了新環境以後才改善。

多年後，我回顧那段過程，明白了剛開始的迷戀只是一時的，只有客觀冷靜的思考後，你才會知道自己是否真的適合。

人生不是規畫出來的，而是一步步走出來的。所以當你嘗試過後，若結果不如預期，也必須往前走，否則只會永遠停留。

時間救不了所有的人，生活也不是電影，別老想著重複播放。

每個人都想按照自己的夢想而不是其他人希望的方式來生活，但現實卻很難要求每一步都按照自己要求的方向來走。

別爲已做過的事感到後悔。畢竟你希望的不見得會成真，但那不代表沒努力過。

世界很美麗，而它也不只擁有一種風景。即便你見識過巴黎的綺麗，不代表不會愛上米蘭的旖旎。何不放寬心胸，捨棄那些不能幫助你前行的煩惱，保持勤懇和努力的態度，讓自己到哪裡都追得到夢。

03

為自己而活

成長是讓我們在過程中，學習面對諸多選擇與放棄。

大學時，我念的是紐西蘭奧克蘭大學，主修行銷管理。

大一寒假時，為了加強英文口語能力，決定找一份兼職工作。還記得第一次去一家大型的行李箱與包包專賣店面試時，我刻意穿上西裝，換上一雙嶄新的黑色尖頭皮鞋，對著鏡子端詳了老半天，確定萬無一失才出門。

從學校宿舍到面試地點大約是三站公車的距離，由於在奧克蘭等公車十分耗時，於是我決定步行前往。

不過，我沒有考慮到奧克蘭是個山城，到處都是高低起伏的斜坡，我才走了約十來分鐘，腳上那雙新鞋頓時變成痛苦不堪的累贅，腳後跟都磨破了，滲著血，還染紅了我的襪子。

此時，我已來不及回宿舍換上另一雙鞋。當然，我也有點捨不得脫掉這雙為了面試、花了三百多紐幣（相當於臺幣六、七千元）購買的新鞋，它為我身上的行頭增色不少。

眼看時間一分一秒的逼近，突然之間，我改變了主意，決定搭計程車前往面試地點。紐西蘭的計程車不像臺灣隨招隨停，需要到計程車招呼站才能搭乘。我一邊走一邊咬牙計算：還剩一百步，還剩五十步，還剩十步……

等我終於搭上計程車，準備大鬆一口氣，司機卻告訴我，我要去的地方在市中心，計程車需要停靠在特定的區域。這也意味著下車之後，我必須步行約五分鐘。

「不會吧！」我在心裡暗暗叫苦。

果不其然，一下了車，我的腳就被一股突如其來的劇痛給定格住了……站在寒風中的我直打哆嗦；若不是靠著意志力苦撐，我真想立刻搭計程車掉頭回宿舍。

我瞪著腳上這雙曾讓我陶醉不已的新鞋，恨恨地對它說：「真想把你甩了！」

突然之間，有個念頭在我的腦海裡出現：既然它讓我如此痛苦，為什麼不乾脆脫

掉，痛痛快快地走在路上呢？

於是，我脫掉皮鞋和襪子，光著腳走在奧克蘭市中心。一開始，掙脫束縛和痛苦的快感彷彿電流般穿透全身，可是很快地，我就被自己魯莽的決定給嚇住了。

一個穿著西裝打著領帶的亞洲人，在人來人往的市中心光著腳走路……不知路人會怎樣看我？會不會覺得我的腦子有問題呢？

周遭的行人一個個快步從我身邊走過，佇立在人來人往的街頭，我有些不知所措。但我努力吸了口氣，告訴自己：「即便別人看見了又如何？舒服自在和所謂的外表體面，到底那個才是最重要的？」

生活不是活給別人看的，即使雙腳磨破，抵達終點也只能靠自己。

眼看時間不多了，我拎著那雙令我飽受折磨的新鞋，在寒風刺骨的大街上走著……偶爾有迎面走來的行人對我露出詫異的神色，但我已不在乎了！

經過轉角時，一位站在路邊等紅綠燈的金髮碧眼少年，對我眨了眨眼：「赤腳的感覺很棒，對吧！」

我笑了笑，繼續往目標前進。

人生就像一場本錢很少的自助旅行，一路艱辛，但一路走來都是風景。

這是長大後，我第一次光著腳出門，而且還是走在異國的街上。最終，我及時趕到了面試地點，沒有遲到半分鐘。

看著我拎著一雙黑皮鞋、赤著腳進店裡，印度籍店長露出一臉困惑不解的表情，聽我說明原委後，他笑著對我說：「我相信你一定花了很大的決心和勇氣，才敢這樣一路赤腳走過來。」

他說得沒錯，以前的我是個愛面子的人，每當別人調侃我的時候，往往會忿忿不平；可是這一次我可以無視別人的眼光，排除萬難地走到終點，的確是克服了自己內心的障礙。我也將這次的赤腳經驗，當作人生中一次難忘的壯舉。

最後，我得到了這份工作。店長告訴我，他願意聘雇我的理由是：「你把這份工作看得比面子重要。」

的確，這是我人生中的第一次打工，我不想把它搞砸。往後的日子裡，我也一直告

訴自己：**如果連答應自己的事情都做不到，憑什麼讓別人相信你。**

這個信念後來對於我在工作上和待人處事，都有很大的幫助。

至今過了快十年，那段赤腳走的路仍帶給我很多體悟。

我們常常在尋找世界一些看不到的規則，在「做自己」和「取悅他人」之間尋找平衡。現實衝擊來襲時，難免會跟內心抗爭，怕自己遺忘了最初的夢想，變成一直不想成為的大人。可是在還沒有走過之前，只有邊走邊跌倒、邊思考邊調整，才能逐漸撥開雲霧找到出口。

成長不是在推翻自己的過去，也不是爲了證明之前的不切實際和幼稚。成長是讓我們在過程中學習面對諸多的選擇與放棄。

如果只看見欲望，不願放棄時，難免會行走無力。畢竟，人的欲望無窮無盡，一味顧慮得到，忘記捨棄，只會讓自己變得更不快樂。

人生不在於擁有多少，而在於如何看待自己所擁有的。學習釐清每一個被動的選

擇，在困境中尋找主動，才能讓你最終可以問心無愧地對自己說：「雖然每一步都走得戰戰兢兢，但面對挑戰，我始終不曾畏懼。」

偶爾要受一點傷，
才會發現最後留下來的最可貴。

04 想變強，先懂得堅持

勇敢不是無所畏懼，
而是畏懼了還願意堅持下去。

出書以後，我陸續接到許多演講邀約，截至目前為止，大概超過了三十次演講。每次演講結束前，我都會開放時間讓臺下的聽眾提問。

某次，有位女同學實在捧場，她舉手發言的時候好好恭維了我一番，然後才說：「我想你應該是那種在學校很活躍、很愛參加社團、很願意表現自己的人吧？可是我不是那種人，我沒有你那麼勇敢，我是那種很不會主動表達自己想法的人，未來會不會很吃虧？我想變強，到底該怎麼辦？」

我當下耍寶，向天空舉著三根手指，學著某藥妝店的廣告口吻說：「我敢發誓，我在大學期間從來都不屬於那種愛參加社團，很願意表達自己意見的人。」

說完臺下哄堂大笑，那個害羞的女同學也不例外。

雖然在演講場合，我看起來活潑又主動，但我也有一段害羞的歲月：在異國求學時，我不屬於頂尖學生的行列，不是那種每科都拿特優的亞洲學生，也不愛搞社團，甚至於個性有點孤僻；雖然與人的相處不成問題，跟熟悉的朋友也能滔滔不絕，但只要上臺講話就會全身麻痺，面露尷尬。尤其是講英文，絕對手足無措，現場的氛圍瞬間會被我的緊張搞到不對勁，原本熱絡的氣氛也會降到冰點。

套一句我媽的評價：「你啊，就是沒有臺風。」

我很羨慕能在臺上侃侃而談的人，也從來沒有想過自己會到各大專院校演講，分享自己的故事。

記得第一次受邀到新北市新店圖書館演講，臺下的聽眾從六歲到六十六歲都有。主辦單位規畫的時間是兩個小時，結果我的演講卻不到一小時就講完了。全場陷入一片僵局，身為演講者的我站在臺上不知所措，工作人員也沒遇過這種狀況。最後好在有位老師連續問了十幾個問題，才不至於冷場。

過了幾天，我到某高中演講，母親臨時起意想到現場參觀。可是親人的出現讓我變得更緊張，更敏感不安；再加上高中生比較活潑，距離二十五歲那段即將步入社會的彷徨年紀也太遙遠，我壓不住現場的秩序，可是又不好意思像以前替代役時期教國小學生那樣的惡聲惡氣，整場演講的場控有點七零八落。

雖然結束後眾人給予零星的鼓勵掌聲，但母親說：「同學好像都沒有在聽，老師臨時的提問你也講得不是很順，應該再多一點練習才是。」

我明白自己的表現不好，可是沒時間多想，因為當天晚上還有臺南成功大學的演講，我告訴自己這次結束後就不要再接演講了，演講……好恐怖！

不過，**命運很調皮，它永遠不會告訴你何時轉彎。**

成功大學的演講出乎意料的圓滿，同學們十分捧場，甚至有人坐在地板上聽完整整兩個小時，他們的反應讓我重拾信心，足以讓我日後能繼續鼓起勇氣到各大專院校分享自己的經驗。

我學著勇敢。**原來勇敢不是無所畏懼，而是畏懼了還願意堅持下去。**

演講這件事，從一個我無法克服的困難，到逐漸發現當中趣味；心態上也從剛開始

的逃避，逐漸調適為享受。這段過程中，我瞭解到，**別把觀衆當作檢驗你的人，反而要試著與他們互動**，畢竟演講是一種雙向溝通，當觀眾在觀察你時，你也可以觀察臺下的他們。

自信不是與生俱來的，你不用太過強調自己的缺點而忽略了自己的優點。這世界沒有什麼信手拈來，有的只是一次又一次的練習與經驗。就像每當我在臺上講了一個讓臺下哄然大笑的笑話，其實都是以前演講時就測試過的「笑點」。現在演講對我來說是一件很快樂的事，看到臺下的聽眾從我的話得到一點力量，那種即時的回饋總讓我得到無法形容的巨大成就感。

這也讓我領悟到：遇到困難時，如果選擇放棄，面臨的選擇只會變得越來越少。**放棄不會讓你走向更好的路，只會讓目光變得更狹隘。**

好比寫考卷，看到不會的題目就跳過，屢次跳過，你會發現最終有把握的只剩下二十分。學著認識自己，看清自己，把謎團解開，爭取更多的機會。不要花費太多時間研究自己的缺點，那只會讓人變得更不快樂。

我很欣賞大陸女演員章子怡的態度。她在二〇一四年憑藉著《一代宗師》「宮二」一角勇奪九個影后寶座。

其中最難忘的是第三十三屆香港金像獎最佳女主角，那是她繼二〇〇五年《二〇四六》之後，相隔近十年後再度在香港加冕后座。她致辭時哽咽地說：「這三年，我經歷了很多人生體驗。我流過很多眼淚，在片場外，也在宮二的身體裡……有的時候你跌倒了，只要你相信你還在這條路上，你的同仁有一天就會把你扶起來，繼續往前走。」

這座來自香港的肯定，對年少成名的章子怡不單單只是一座獎盃而已。十五年前，來自大陸的章子怡從張藝謀執導的《我的父親母親》發跡，再到李安導演的《臥虎藏龍》放眼國際，短短兩、三年她幾乎完成了眾多女明星數年、甚至一輩子都做不到的事。她對香港來說，就像是一個剛畢業就開啟了成功之門的「北姑」，由於太過耀眼和幸運，引來了諸多揣測和懷疑。

這些懷疑不只來自於媒體，也來自她內心的戒慎恐懼，對未來的不安定。

即便章子怡在二〇〇五年靠著《二〇四六》得到香港金像獎的肯定，也沒有改變香港媒體對她的質疑。那段時間，她陷入了一連串與媒體劍拔弩張的氛圍：坐大腿、餵葡萄、豔照門、開房門、潑墨門、捐款門、詐捐門……面對不斷的批評和指教，她甚至需要打一場維護名譽的官司。

最終她勝訴了，而且隨著歲月的流逝，這些狗屁倒灶的衝突顯得無關緊要。因為一個人真正的價值決定於作品，不是流言蜚語。任何批評指教都比不過一部感動觀眾的代表作來得有說服力。比起在意那些中傷，她更需要的是重整旗鼓，證明身為演員最核心的價值——演一個深入人心的角色，拍一部實至名歸的電影。

《一代宗師》的出現，讓觀眾看到演活「宮二小姐」的章子怡。無論是少女時期的情竇初開、倔強好勝，還是後來選擇壓抑情感為父報仇的悲涼，再到結局大仇已報卻人生盡失的滄桑，每一段愛恨情仇都把握得絲絲入扣。

尤其電影末端那句：「我心裡是有過你的。我把這話告訴你也沒什麼，喜歡人不犯法，可我也只能到喜歡為止了。」那種貫徹始終的堅強和倔強，融入靈魂和血液的感情，讓觀眾忘了她是章子怡，而是那個沒輸給任何人，只輸給自己的宮二小姐。

劇中還有句對白是宮二小姐報仇後，對身兼師兄、殺父仇人、手下敗將的馬三說的：「是我自己拿回來的。」現在想想，也與章子怡十年的坎坷際遇相呼應。演出《一代宗師》連奪九座影后殊榮後，章子怡在香港金像獎致辭時強調：「我今天特別激動，不是因為委屈，而是因為感恩，謝謝所有在這條路上一起前行的朋友們。」面對不斷的批評和比較，她始終昂首闊步。最終以作品說話，海闊天空！

這份堅持讓我瞭解——**每個人都想變強，卻不是每個人都有勇氣選擇面對困難。**得失從來就不是相對的，我們常會遇到那種不知是否做得好的焦躁感，卻忘了只有面對才能解決。每個人不可能迎合或滿足所有人，總是被過去的不愉快綁住，沒辦法騰出手擁抱未來。需要信心時，需要在一片喧囂中尋找寧靜安詳時，不要讓自己追趕完美，也只有學著接受自己的不完美，才不會辜負接下來的錦繡年華。

05 出發吧！得到會比失去多

在不斷擁有和失去的過程中，始終都要爲自己的努力而驕傲。

你有沒有擔心、害怕的經驗，尤其在發現學校教的事情不夠用的時候？人生路途茫茫，不曉得該怎麼前進的時候，是否總想抓住一根浮木？

前陣子我遇到一位想抓住一根浮木的女孩。

她從小學音樂，國高中時期就讀音樂班，所以考大學時也順理成章的考取音樂相關科系，但讀了一年多，現在大二的她開始思考未來的出路，怕自己競爭力不足，很難進入職場。

女大生努力了兩、三年，好不容易考取自己理想中的學校，但真正就讀以後發現這跟想要的東西不一樣。雖然音樂始終是興趣，但成為一個高階經理人似乎出路比較多，可是如果真要轉系，又擔心沒有專業背景，未來兩頭落空。

每個人都有選擇的權利，但每個人也都要爲自己的決定承擔接下來的責任。

我的大學同學多尼也遇過類似的情形。多尼在大學時期讀的是生物相關科系，但心中嚮往的是商科，相較於音樂系女大生的及早醒悟，多尼是直到讀完大學四年才發現職涯規畫的重要。可是等到多尼到了研究所決定轉系時，又因為沒有大學四年商科的知識累積，考商學系相關的研究所便慘遭滑鐵盧。

很多事情不可能一蹴可幾，總會需要時間和經驗的累積才能實踐。

於是，他在考研究所失敗的那年，擬定了一個三年計畫：考取財會相關證照。在此同時，他沒有躲在學校，決定出社會求職，做著自己擅長的生物科系的工作，用一份穩定的收入維持自己的生活。

過了三年，我和多尼再見面敘舊時，他已經成為臺灣四大會計師事務所中的一名資深審計員，並朝著自己終極的目標——投資銀行顧問前進。

餐敘時，我恭喜他總是能訂出完善的目標，而且朝著設定的方向前進，似乎沒有挫折，看似一帆風順的人生，實在令人稱羨。

我說話的時候，他正在喝水，聽完差點被水嗆到。他翻了一個白眼告訴我，其中的過程一點也不輕鬆，也沒什麼好羨慕的。因為許多商科的證照考試，大多有錄取名額限制，就算你考得再好，只要名額已滿，那也等於沒考上。而且他在考取證照前，面試過許多會計事務所，卻因為能力不被信任，一而再、再而三的被拒於門外。即便進入會計師事務所工作也常常因為「血統不純正」而被同仁冷嘲熱諷，甚至喪失許多工作機會，直到屢屢用工作的成績證明能力後才漸入佳境。

「轉職至今是否有後悔過？為什麼明明知道這條路不好走卻仍然向前行？」我好奇的問他。

他思考了好久才回答。他知道這條路不好走，也不見得能夠成功，轉換跑道真的不見得順利，但寧可趁著年輕勇於嘗試，也不願年老後，後悔自己什麼也沒做。無論選擇的道路是否如己所願，但他告訴自己，**出發後，得到的一定比失去的多！**

成長的過程中，我們在某一個時刻會對自己的人生感到無力，似乎不是為了自己而

活，反而是籠罩在父母、同儕和社會的龐大壓力之下。尤其是在剛出社會時，我們總會期待人生可以像《海賊王》裡的魯夫一行人一樣，在偉大的航道上自由航行，找到一群生死與共的夥伴，活出自己的色彩，而不是只能追尋著別人的腳步，過著被安排好的生活。

前陣子，又有另一位女大生跟我分享她的故事。她在高中、大學所選的科系和學校都是按照父母安排的路走，就連現在要找工作了，父母也靠著關係替她找了一份工作，待遇不錯，比二二K還高，但這次她拒絕父母的安排，決定先靠自己進入社會歷練。只是畢業在即，找工作頻頻受挫，不由得開始質疑當初的決定到底是對還是錯，是不是應該向現實低頭，回到父母親替她規畫的路？

我想與其讓我來鼓勵她，不如參考真實的案例。我有位女網友今年快三十歲了，在大四的最後那段日子，父母希望商科畢業的她像其他同學一樣找一份朝九晚五的工作，不然就是投考研究所或國家企業。

而她卻靠著從高中到大學畢業時打工省吃儉用存下的三十萬臺幣，買了一臺小早餐車，開始繞著幾個社區跑。每天清晨從學校跑到各大商業區，辛苦了兩年，好不容易開了店面，不需要每天去店裡忙進忙出，開始過著有點品質的生活。當周遭的朋友們還在為職場上的狗屁倒灶煩惱時，她正考慮要拓展其他店面，忙得又充實又快樂。

可是在二〇〇九年左右，她發現早餐店的營業額略有下滑，只是她忙著拓展新店面沒有太過在意，也正是因為她的不重視，導致客人大量流失，產生現金周轉不靈。再加上投資新店面失敗，她在二〇一〇年底破產了，店面出脫，銀行清算資產後還欠了百來萬的債務……

為了生存，她必須找一份穩定的收入活下去。但薪水扣除基本開銷後根本無力償還債務。除了經濟的壓力，更痛苦的是精神折磨：討債公司天天要債，債主甚至要求她期限內還錢，否則就會剁下她的小指頭，為此甚至騷擾她的父母親。

那時，二十六歲的她第一次懷疑自己，不斷質疑過去的選擇，心想當初為何不聽父母的話像普通人那樣去公司行號上班？內心不斷責備自己：就是因為自己創業失敗，

才會欠了一屁股債；就是因為自己創業失敗，才連累了家人。

過了幾個月，她不甘心自己一輩子無法翻身，透過海外朋友的幫助到加拿大做家庭清潔工，每天到兩個地方工作，雖然工作不復以前光鮮亮麗，但報酬足以讓生活回到正軌。後來她開始和當地華人組成獨立接案的清潔團隊，再加上以前的經營管理經驗，讓她在組織新的清潔仲介服務時更駕輕就熟，收入也提高很多，逐漸還清債務。

花了三年的時間解決債務問題，她開始思考自己的未來，又掙扎著該不該回家，還是當個異鄉工作者。

她說，有一次看了我的書，對其中一句話最有感觸——**現實會讓你不得不捨棄一個夢想，可是別讓它抹殺你所有的夢想**。存了一點錢後，這位年近三十的女網友決定回到臺灣重新出發。

前陣子我經歷了一些低潮，她特地寫了這封信與我分享自己的故事，讓我知道挫折並不恐怖，她認為，**我們在生命過程中常會不斷擁有和失去，但始終都要為自己的努**

力而驕傲。

隨著年歲漸長，夢想都不會再像當年那樣輕盈，偶爾也要學著用雙手掂量生活。現實的壓力會讓你在過程中忘記花朵和果實孰輕孰重，可是**越迷惘的時候，越應該相信自己一路以來的堅持**。別讓未來的你埋怨過去的不努力，人生道路充滿荊棘，誰都無法替代你的手，為你除去路上的刺。只有激勵堅持向前，遠方才有希望。而無論你的選擇是什麼，即使你沒有得到預期的美好結果，但拚搏的過程中總會學到屬於自己的、別人拿不走的、最寶貴的經驗。那些關卡都會在未來豐富你的生命，在某一刻成為前進的力量。

06

你的價值，別人奪不走！

尊重別人，別讓自己的意見成爲霸凌別人的工具。

校園生活不是只有開心的事，在一次校園活動中，我曾請三百多位同學閉起眼睛舉手表決，題目是：至今為止的校園生活開心嗎？當場舉手表示「不開心」的學生居然過半數。

那晚透過臉書，我收到許多同學回應，其中，「和同學相處得不愉快」反覆出現。回顧過去，幾乎每個人都有一段「被霸凌」的回憶。

那些令人痛苦的「被霸凌」經驗不全是肢體上的，更多來自於言語。霸凌的定義很廣，維基百科上寫著：「霸凌是人為了獲得內心某種滿足感，採取攻擊的手段。除了常見的肢體傷害，更多的是心靈攻擊，比如譏諷、排擠、戲弄或是惡意的眼神……再比如一些間接的攻擊，例如背後說壞話，故意造謠，孤立等。」

霸凌一直是個沉重的議題，以前我在大陸讀書時也曾因為政治立場不同而被欺負。那時我和父母剛到大陸，連香港都還沒回歸。時任美商公司經理人的爸爸不止一次的提醒我：「謹言慎行。」我不太瞭解他的意思，反覺得為何不能表達自己的意見，全世界都應該有理走遍天下！

他說，不是不能表達意見，只是**表達意見前要先想想對方的感受，不然遲早會讓自己受傷。**

當時我對他的話不以為然。後來有次國語課遇到敏感的兩岸議題，課文寫道：「黨跟反動派打仗，在資源缺乏的情況下大勝。」當時我不懂政治，聽到「反動派」這個詞還懵懂地問老師：「誰是反動派？」

老師尷尬地看了我一眼說：「就國民黨囉。」

答案讓我聽得莫名刺耳，從小的價值觀受到挑戰，一下課回家就按捺不住問父母：「為什麼國民黨是反動派？」

父母希望我能維持獨立的思考，立刻請臺北的家人翻箱倒櫃寄了一本書過來。那是一本老舊到泛黃的小冊子，上頭印著大大的「歷史」兩個字。那是父親的歷史課本，裡頭有句至今仍依稀記得的內容，大致是：「國民黨政府積極抗日，但以毛匪澤東率領的共產黨消極……」

過了一陣子，又是一堂國語課。老師請我朗讀課文，我再次讀到「國民黨反動派」，這次不曉得那根筋接錯，對老師說：「我們不是國民黨反動派，臺灣的課本說，你們才是共匪！」我講得鏗鏘有力，深覺自己打贏了一仗！

我的國語老師聽完沒有發飆，只說：「臺灣有臺灣的解讀，大陸有大陸的說法，我們都沒辦法干涉，只能彼此尊重。現在講誰反動，誰是匪類，已經不重要了。」

如果故事停在這邊，也許是一個完美的結局，只是生活從不完美。

課後，我的大陸同學們把我一個人圍在廁所某個角落，告訴我：「踐什麼！你發什麼瘋，要知道，現在（十五年前）有十二億人口認為國民黨是反動派！就算全臺灣都認為我們是共匪，也不過多少人！」

他們沒有動手，但集體的那股淩人氣勢給我造成極大的壓力。

我倔強的一言不發，心中一直想著：**別人可以把所有的東西拿走，不留一絲餘地。但他們拿不走你的真誠，還有你內心最深處的價值。**

雖然低著頭不願妥協，但還是感受到沉重的壓力。下課十分鐘對一個學生的寶貴毋須多加贅述，可是我卻暗自期待上課鐘聲盡速響起，解救一觸即發的場面。當時感受到的壓力之大，可想而知。

正當場面僵持不下時，有位大陸女同學突然衝入男廁，挺身而出為我說話：「老師教我們別對政治冷感，但也不宜過熱。關心政治要冷靜理性，你們今天怎麼做了一個這麼壞的示範！」

過了好多年，那句話我一直銘記於心。現在回憶當時的情形，我發現如果有一個設身處地為你著想的好朋友，日子過得再糟糕，也能感受到一絲溫暖。

有一次趁著假期舊地重遊，我特地找了當年的女同學回母校逛廁所。她乍聽「逛廁所」既好氣又好笑，不懂「廁所」到底有什麼好懷念，人家早忘了當年隨口所說說的那句話。聽完我談及那段往事後，她笑著說：「原來我說過這麼有哲理的話！可是你那時候未免也太大膽了吧！如果重來，你會做一樣的事情嗎？」

「應該不會。」我說。

「怎麼？學乖了？」

我搖搖頭答道：「就算辯贏了，但值得嗎？」

有時候，為了一時之氣硬要爭輸贏、辯是非；可是贏了面子，輸了友誼；打贏嘴仗，輸掉感情，困境卻一直存在，實際上到底贏了什麼，真的值得嗎？

這幾年逐漸瞭解父親曾耳提面命的那句「謹言慎行」——**垂首不是認輸，是要看清腳下的路；抬頭莫要驕傲，是要你看見自己的天空。**

當時的自己不夠成熟，沒有顧及到大陸同學的想法。即便在課堂上捍衛自己的觀點，也應該注意這樣的言語是否會刺激到其他人。既然衝突已經發生，實在沒必要持續加深彼此誤會，我們應該盡量製造和好的契機，不要火上加油、以惡為樂。

不講理是人的一種缺點，但強迫別人接受你的觀點，也沒高尚到哪裡去。

生活好壞，大多取決於自己願不願意敞開心胸，彼此理解。我們不用去習慣那些不

該習慣的習慣，執著那些不該執著的執著。重要的是各抒己見後，是否有條理地去整理對你真正有用的，能夠幫你繼續往前行的信息。

理解生活，必須往後看；但要好好生活，必須向前看。不要被仇恨蒙蔽雙眼，多一點包容吧！每當遇到意見不同時，我們都該懂得思考如何包容不一樣的聲音，那才是一個人最珍貴的價值。

07 走過才知道答案

除非自己選擇放棄，
否則沒人能讓你失望。

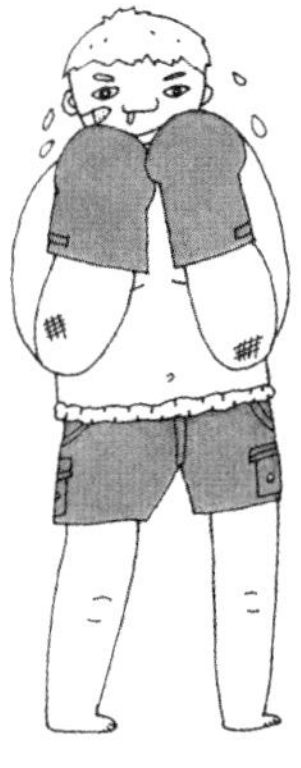

我在某次社交場合認識了一位小護士。剛畢業的她到醫院工作了三個月，發現自己完全不喜歡護理工作。前陣子她找了一位算命師指點迷津，算命師表示，服飾業更適合她的個性，躍躍欲試的她與父母談過後卻完全得不到支持。

長輩認為，年輕人應該找一份穩定的工作，再加上已經花了七年時間讀護理，又有了證照，怎麼可以為了一點點「小事」人生就來個大轉彎。小護士的家為此差點鬧革命，爾後她把心中無奈分享給同為護士的朋友們，原以為可以得到朋友們的體諒，卻再度失望，朋友們一致認為，不該那麼相信算命師的話。

小護士告訴我，小時候就讀美術班，最喜歡畫畫，常夢想自己當畫家或設計師，但礙於成績選擇了護理，也沒再繼續畫畫了，於是乎，算命師提到服飾業時燃起了她童年的夢想與期待。但看到周遭每個人都反對，再加上已經花了七年研讀護理，考取證照，她怕現在燃起的服飾業美夢，只是想證明自己也能從事護理以外的工作，沒有經過深思熟慮就怕一個不小心選錯人生的路。

算命經驗人人有，我也不例外。

大學快畢業時，我參加了一個節目錄影，目的是取材寫一本結局不同的《穿著Prada的惡魔》——主角最後迷失在五光十色的演藝圈追求榮耀，不像《穿著Prada的惡魔》裡女主角那樣選擇回歸平凡。我透過錄影瞭解節目流程，接著開了一個部落格放置小說，小說內容為了快速得到公眾關注，其中不乏辛辣內容和暗黑手法以刺激讀者觀感。好比依照時事寫故事，讓媒體偶爾會反過來引用為「節目黑幕」，又或者到許多高人氣的網站發文留言、營造多人討論的氣氛創造話題，宣傳部落格。我很快就得到出版社的注意進而簽約，雙方達成共識，寫完即可集結成冊。

這整件事讓我的父母很擔心，他們怕我就像書中描繪的那樣，迷失在五光十色的演藝圈裡，於是決定帶我去算命。算命師讓我在心裡想一個問題，他會幫忙「卜卦求天機」，後來算出來的結論是：「竹籃打水一場空。」算命師建議我去學程式，當一個工程師。父母在身旁邊聽邊點頭，我沒說話，但被否定的感覺實在很差，只是我沒想到更糟糕的狀況還在後頭。

我的書完稿後在正式印刷前夕，礙於出版社政策被解約，書沒辦法出了，心情跌至谷底，周遭還有些哪壺不開提哪壺的親朋好友，聊天時總不忘加一句：「算命師說得真準。」更是狠狠的在我心口補刀。

這是我有了作家夢想以來所遇過的莫大挫折之一。當時我聽不進任何人的話，編輯讓我好好沉澱內心，累積能量再出發。可是當一切心血被抹殺，別人的勸慰全是風涼話，根本聽不進去。

沒多久，我入伍服役，到雲林偏遠地區教孩子們英文。

那段過程我試著問孩子們的夢想，孩子們總是給出太過實際的答案，比如到便利超

商當店員、到工廠當作業員，又或者當個朝九晚五的上班族，甚至反問：「如果夢想真的那麼重要，那麼你現在又在做什麼？」

「我在當兵啊，不過希望以後能找一個穩定的工作。」我說。

「那你小時候的夢想呢？」其中一個小朋友問道。

突然間，我啞口無言。靜默好一段時間後，另一個小朋友又蹦出一句：「如果你都已經放棄了，又有什麼立場要我們努力圓夢？」

我無力招架他們的問題，甚至開始質疑自己。難道我真的太過不切實際嗎？

服役結束後，我聽從父母的建議選了一條穩當的路，開始朝九晚五的上班生涯，被現實的壓力追著跑。一年內，我換了兩份工作，雖然薪水有提升，卻更加迷惘，總是質疑：「名片拿掉之後，我還剩下什麼？難道真要放棄那個深埋內心的夢想嗎？」

直到那個時候，我深刻體會到迷惘的可怕。那陣子我常問自己：要因為害怕和質疑原地踏步，還是做點什麼改變？

最後，我決定趁著新舊工作交接時，成立粉絲團，透過一句話、一張圖的方式，灌

溉心中那顆小小的作家夢想種子。我沒考慮過會有多少人願意看，只堅持一天發表至少三篇圖文，兩年來毫無間斷，只求自己不要忘記那個小小的理想。漸漸的，我累積了一群願意看我文字的人，出了兩本書。

我不敢說自己的作品有多成功，但透過這兩本書，我得以鼓勵那些在替代役時教導過的孩子。學生們收到書後，終於肯分享內心深處的夢想。有人想開一家自己的雜貨店，也有人想成為科學家、校長、音樂家，還有畫家。

原來孩子們是有夢想的。只是他們害怕被嘲笑，害怕無法實現而不願透露。而直到現在，我也一直在努力，並告訴自己還有那些孩子們，只要願意堅持和付出，即便夢想最終沒有開花結果，拚過以後也依然沒有遺憾。

若是當年聽信算命師的建議去學程式設計，我現在可能是個工程師，而不會有接下來的寫作經歷，更不會完成孩提時的出書夢想。即使我能成為一個稱職的工程師，還是會在心裡留下深深的遺憾。

由此，我更瞭解到，**除非自己選擇放棄，否則沒有所謂的失敗。**夢想難免經歷挫

折，只有持續選擇付出的人，才能在折斷的地方茁壯成長。

小護士的情況與我相反，**可是即便算命師說了那些你想聽的話，也絕不代表你就該言聽計從**。且不說從一個不相干的人的口中決定自己的人生方向有多可悲，我更想提醒的是，算命師不會對客戶的未來負責，他的錯誤解讀頂多換來一句：「你不準。」再誇張一點是被拆招牌，但那又如何？你終究還是耗費了原本不想耗費的時間。

當我們要做選擇時，很多人會聽周遭的分析建議，可是從不同立場和角度切入的意見不會一致，越來越多的聲音往往只會讓自己更不知道如何做決定，就怕自己選錯路，後悔一輩子。

人生不是選擇題也不是是非題，它其實是申論題，沒有絕對的對與錯，只有用更多的努力付出，來證明自己的一切選擇。

生活就像一顆熟透的蘋果，還沒得到的總是光鮮亮麗，自己面對的永遠是被蟲蛀的那一面。所以不管繼續當護士還是前進服飾業，背後都會有需要付出的辛苦代價。夢

想看似美好，尤其在許多媒體渲染下，成功似乎變得只需要讀一篇文章就能做到。絕大多數人在看完成功故事後，最深的體悟多半是認為自己不該過著目前庸碌的生活，燃起追夢的野心，但又有多少人願意為改變付出代價，又能付出多少？

生活是循序漸進的，唯有走過一段路，才能分辨「夢想」和「欲望」的差別。如同那些來自我或者其他人的鼓勵，只是你「想要」的東西，絕非你「需要」的東西。

無論適不適合、喜不喜歡，箇中滋味只有走過才知道。胡思亂想，反而會創造出一開始根本不存在的問題。遇到再困難迷惘的狀態，也千萬不要覺得浪費時間！生命中的每一次選擇，都是為了教會我們未來做出更適合自己的決定。迷失，可以讓自己更認清未來的路，就算受傷也會讓你更勇敢。**人生無法速成，一切的機會都必須透過過往的累積才得以開花結果。即便無法一次到位，但絕對可以開始累積經驗。**勇敢做出決定，踏出去吧！

勇敢承認自己的不足，
才能超越恐懼，
學習進步。

08 夢想只是加分題，未必要遠大

沒有夢想，依然可以活得很精彩。

二〇一四年開春，短短一個年假，我的信箱爆了，看了幾十封信，發現有三封都在詢問一個問題：「沒有夢想該怎麼辦？」

其中有封信把狀況寫得比較詳細。這位讀者說，自己從小就很重視成績，因為覺得「面子」很重要，於是拚了命的讀書，讀到現在突然發現當初令她熱血沸騰的「夢想」似乎已經被可怕的填鴨式教學消磨殆盡了。她努力好久去尋找屬於自己的夢想，但它好像走丟了，以致於不曉得接下來人生的方向，如今即將升大學了，她對未來要讀哪個科系一點概念也沒有，因為都沒有興趣。

她問：**「如果夢想走丟了，如果沒有方向和目標該怎麼辦？」**

這個問題讓我想到網友們常分享在臉書粉絲團的一張圖，那是喜劇大師周星馳的電影截圖，他瞪大了雙眼，攤著手道：「做人如果沒有夢想，跟鹹魚有什麼差別？」

這句話我其實不全然認同。因為我相信，**沒有夢想，人生依然可以活得很精彩**。

記得五月天阿信曾做過一個比喻，大意是把人生比喻成一碗玉米濃湯，而夢想則是黑胡椒。一碗加了黑胡椒的玉米濃湯會變得更好喝嗎？也許會，但首先要確認的是無論有沒有黑胡椒，這碗湯的本質都應該是一碗好喝的玉米濃湯。所以沒必要太過執著於黑胡椒，重點是記得在煮玉米濃湯時，可以放進那些火腿、玉米或者其他配料，讓這一碗湯變得好喝。

這段比喻讓我感觸很深。**夢想本應是你的人生加分題，但不是你的全部**。就像阿信說的：「人生本來就是一碗好喝的玉米濃湯。」所以你實在毋須看到別人有夢想就逼迫自己去尋找，做好本分才是最重要的。

人心是很矛盾的，偶爾覺得平凡是福，偶爾又不甘於平凡。大部分的人被現實壓抑，過著中規中矩的生活，心中羨慕那些追夢的人，於是猶豫好久跨出自己尋夢的步

伐後，卻因為脆弱而跌跌撞撞，因為寂寞而裹足不前。我自己也有過這樣的感受——對未來感到迷茫，就這樣僵持著，似乎一退卻就崩潰了。

可是無論脆弱還是寂寞，日子還是一樣要過。

我們在跌跌撞撞的過程中學習成長。有時候我會想，現在的無欲無求，是否代表你心中要得更多卻又無法做到能力範圍所及的事，所以才感到迷惘和失去方向？

如果是，那麼請用刪去法吧！刪掉抱怨、刪掉無奈、刪掉驕傲……做好自己的本分，靠著自己的一雙手，向理想揮手吧！**先為將來想追夢的時候儲備能量，以免到時徒有美夢，卻發現自己缺乏實現的力量。**

說得再實際點，就是多存點知識和積蓄吧！夢想、理想需要知識和金錢支撐，不然只會淪為空想。畢竟現在把「沒有夢想」看得那麼嚴重，或多或少是因為生活還沒遇到生存的煩惱，等你再過幾年獨立後，生存的壓力排山倒海而來，即使夢想可以變成支援人生繼續前進的動力，但驅動動力的燃料並不便宜。

在我結束學生時代進入職場後，曾經有一段日子覺得很悶。因為投了幾張履歷後發

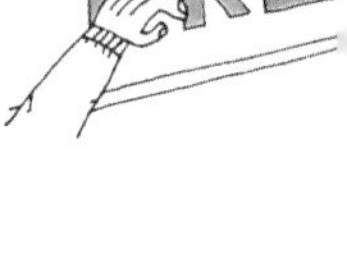

現，現實不如想像中友善，想要的未來彷彿在永遠觸不到的遠方，期盼的夢想更因為現實而不得不被打敗。

後來我有能力時，為了鼓勵大學生勇敢追夢，說服公司推出一個針對臺灣大學生的百萬圓夢計畫，希望拋磚引玉讓更多人來關注大學生的夢想，注入一點活力。

這個活動得到老闆力挺，再加上沒有設定投稿門檻，短短五天就有近百位大學生投稿。只是接獲學生們的夢想投稿後，得到的答案跟想像中有著不小的落差。

根據近百位大學生們開出的夢想名單，得到的絕大多數回應如下：

數量最多的：我要去某某地方旅行。

數量次多的：我要開咖啡店。

數量第三多：我要買單眼相機。

老闆很認真的對待大學生的百萬圓夢計畫，活動第一天就上網到公司粉絲團看大學生的留言，並逐一回應。

甄選最後一天，她終於不解的問：「旅遊和單眼相機的夢想都是為了滿足物欲，那跟想住帝寶有什麼不同？還有那些想開咖啡店的大學生，我留言問他們會煮咖啡嗎，有相關證照嗎，或者有什麼想法能讓咖啡店永續經營，統統沒有回音……」

乍看結果略微沮喪，雖說每個人對夢想的定義也許不一樣，可是對我來說，夢想不全然只是用錢能解決的事，而是必須先有一顆付出和堅持的心，才能得到別人的鼓勵和支持。

摒除夢想，生活更需要得到一把釣竿，用一個熱忱的心，永續經營。但那次計畫，絕大多數學生的回答多半只是想要一隻價值百萬的魚，根本沒有考慮過百萬圓夢金燒光後，該怎麼延續生活？

後來，我貼了一段影片討論這個現象，有網友表示：「請容我說一句實話，付出與堅持換來的也許是別人的藐視，夢想與現實的距離不是單靠『付出與堅持』所能彌補，有多少夢想被現實所打敗了？所謂夢想，只在我們觸及不到的地方，而已。」

可是，也正是因為如此才顯得出夢想的珍貴、生活的可貴，不是嗎？

每個人都有屬於自己的挫折需要攻克，如果只是一味的看到自己遭遇的困境，沒有

心思去付出，就不要怪有些人為何得以走在夢想的路上，有些人卻只能被現實壓迫得原地踏步。

夢想不是人生最重要的事，因為更重要的是，**在你發現有些時候不一定會得到，但卻一定會失去的時候，你能承擔多少？**如果只是一味膜拜那個尚在遠方的藍圖，不願經歷挫折，根本不叫夢想，只是個人的物質欲望及幻想。現實的壓力，讓夢想不見得能瞬間達成；但相對的，如果沒有夢想，更應該考慮如何永續經營自己的生活。

畢竟天下沒有白吃的午餐，一切需要靠自己爭取，而不管是否擁有夢想，我們都需要勤於累積，腳踏實地，積極進取。學習掌握那一把釣竿，而不是一心只想拿到那條價值百萬的魚。

09 得不到支持就放棄，只是打嘴炮

拒絕用別人的標準來界定自己的人生。

我曾在臉書粉絲團做過一次調查：「人活著是要做什麼？」有位讀者集合《海賊王》九位船員的特色，歸納出九個重點：求知、超high、尋愛、有骨氣、吃、健康、賺錢、睡和會說。

這則貼文獲得一萬四千多個讚，讀者們也在回應處寫下：「活著就是為了夢想！」、「為了夢想，付出一切在所不惜！」等熱血沸騰的字句。

可是，**在沒有真正的代價擺在眼前時，「付出一切」也不過只是一句口號。**

很少人第一次追夢就成功，以至於我們在生活周遭常聽到「夢想受挫」的故事。比如說，有些同學想成為田徑隊員，卻因為父母老師用成績阻攔，練了三個月就被迫退出；有懷抱留學夢的國中女孩興趣是英文，可是每次看到那些厚厚的書就想逃避，同學們也不認為她真的有能力可以出國，再加上留學費用昂貴，父母雖然支援，卻沒有辦法送她出國讀書。

這些都是我曾收到的讀者來信，這些信的共同點是，這些學生們還沒有開始獨立生活，所以在文中提到「別人不支持我的夢想」多少情有可原。

可是，如果你二十來歲、獨立自主後，還在抱怨無法追逐自己的夢想，那問題多半就出在自己身上。

我最好的朋友今年二十九歲，畢業三年、工作三年，進入二十歲的末班車。在他二十九年的人生中，我們兩人常常有這番對話：

「那個某某某能混到今天這樣的程度，不是靠實力，而是因為夠走運。」

「那個誰誰誰條件也不怎樣，要不是長得正，憑什麼業績比我好。」

認識了快十五年，他從沒為自己的夢想努力，只是跟我抱怨：「為什麼沒有人支持我的夢想！」

前幾個月，他的工作遇到一次危機，決定「把老闆炒魷魚」，去追求自己真正的人生目標。可是從二〇一三到二〇一四年，他都還在苦苦等待一個他所謂的「機會」。

除了四處找人訴苦大環境不佳、物價越來越高、鈔票越來越薄，他找到我，也照例怨天尤人一番，最後又說：「為什麼沒有人支持我的夢想！」但是那天我不再附和他的話，反而問他：「你要別人怎麼支持你的夢想？」

他滿臉疑惑的看著我，說不出話。

「從十五歲開始，我們就一直抱怨沒有人支持我們的夢想，可是你到底為了自己的夢想付出了什麼？有什麼計畫，該怎麼達成，短期目標是什麼？長期的追求又是什麼？你有計畫嗎？要不要試著說一說？」

他瞠目結舌的望著我，過了好久都答不上話。

小時候，我們還懵懂無知的時候，大可把問題歸咎到別人身上，羨慕別人擁有的資源，可是朋友和我兩人的父母都算是成功的中小企業家，雖然不到郭台銘、林百里的程度，但從小到大也衣食無缺，甚至有機會出國念書，見見世面。

在這樣的環境下成長的我們，雖然困難不至於像桌面浮塵那樣輕輕吹去，但跟絕大

多數人相比，沒什麼後顧之憂的我們已經好得太多了，若再把責任歸咎在別人的身上，未免也太說不過去。

享有再好的資源，若是沒有自己的努力奉陪，一切都只是枉然。

我也曾懵懂地說過：「夢想成為一名作家。」

那年我十歲，跟著父母遠赴大陸廣州。父母聽完我的夢想後沒說什麼，等到週末時卻特地帶我到當地最大的書店，那間書店足足有四層樓高，父母指著滿坑滿谷的書對我說：「你看！這就是你的夢想。你有辦法從這裡面脫穎而出，成為最頂尖的作家嗎？醒醒吧！夢想？那還不如填飽肚子重要。」

我首次看到現實的可怕，在書店的一樓默默啜泣，只是不敢大哭，心裡雖然明白父母對我的愛，但他們表達關愛的方式，真的令人難堪。

長大以後，開始見識到了帳單的威力，我常常為了生活汲汲營營，似乎真的被爸媽說中了：「夢想？那還不如填抱肚子重要。」

可是在填飽肚子之餘，我還是不間斷的寫部落格、寫臉書，即使只是隻字片語，我還是提醒著自己不要忘記。雖然現在還不到父母當年口中「頂尖作家」的行列，但我也出了幾本書，足以有能力付賬買單，為自己的人生承擔後果。

夢想兩個字看似虛無縹緲，真的要扛起來卻很重，尤其是付賬買單的時候，更是冷暖自知。

我們都對自己的人生有過埋怨，可是除了你自己，沒有人要對你的人生負責，也沒有人需要為你的夢想盡責。別人的支持是加分，但若不支持，又怎樣？**如果你的夢想不被別人支持就放棄，那不叫夢想，叫做打嘴炮。**

夢想受挫的潛臺詞都是在擔心：「如果沒有成功該怎麼辦？」

這個問題我們聽過太多成功者的經驗分享，可是也正是這些成功者讓我們忘記了一個事實。那就是——**有時候就算努力了也不見得會獲得成功，問題不會輕輕鬆鬆就迎刃而解。**

現實不像娜美，打不贏惡龍，魯夫會從天而降把一切打飛。現實比較像艾斯被海軍

所困，即使所有人奮鬥到底，也有可能功虧一簣，甚至到最後一命嗚呼。

夢想和憧憬固然美好，可是在追求的路上不可能順風順水，等待機會的過程中，更不可能每個人都能輕易的唾手可得。任何人一路走來，都會有些只能往肚子裡吞的苦，不足為外人道。

我曾經聯考失利落榜，沒有考上自己屬意的大學；也曾有過寫出的稿子長達十年乏人問津，甚至在出版前夕被迫砍掉，連想重練都不可以。雖然現在好了一點，可是就在我前陣子辭掉工作、計畫邁向專職作家之路時，也還是找不到出版社。

即便後來找到了，前方依然有新的考驗。終點在哪裡，我依然迷惘。

只是我告訴自己，即使滿身泥濘，也別沉溺眼前的陰影，否則只會更看不清前方的路。而我也始終相信在你萬念俱灰時，也正是成長的時候。若只看到一連串的打擊，那永遠也不會成功。

十幾年過去，我只要走進書店就會想起小時候父母告訴我現實有多可怕，競爭有多激烈的畫面。直到現在，我終於瞭解：**你不需要用別人的標準來界定自己的人生，更**

不用把挫折視爲夢想的終點。你反而可以把挫折看作是夢想藍圖的一個轉機，讓自己去思考未來該怎麼繼續前行。

畢竟就算沒有成功，日子還是要過。我們終究會幫自己尋找別的出路。而那些經歷無論好的壞的，都是你的。**勇於開始，敢於堅持，才有機會踏上成功的路。**途中風景也許沒有想像中美麗，可是永遠不要放棄你真心追求的夢想。因為等待雖難熬，但後悔更痛。

10 沒有到不了的地方，只有未下足的功夫

再強大的挫折，
都會敗給你的行動和努力。

這世界大致上分兩種人，一種是一開始就知道自己的方向，一輩子朝著認定的目標努力。比如說，有人從很小的時候就下定決心要成為科學家、音樂家、藝術家或者政治家，終其一生都在為自己的理想奮鬥。還有另一種人，不知道自己到底想要什麼，也不相信自己能夠做到什麼，唯一知道的就是時間會逼自己前進，至於會不會過得更好，誰也無法打包票。

我大概屬於第二種人，從小到大夢想很多又善變，曾想做科學家、音樂家、畫家、作家、成功的商人……多到數不清了。在很多人眼中，我是個開朗、知道自己為何前進的人，但十五歲那年一個人出國讀書，父母不在身邊，異國文化的巨大衝擊讓我不知所措，從此，我變得很敏感，不愛在別人面前表達自己真正的想法，套句五月天阿

信的歌詞：「我不是真正的快樂，笑只是一種保護色。」

不愛、不恨，也沒有什麼值得在乎的事情，只是盲目的活著。

這樣渾渾噩噩的態度讓我考大學失利，沒有考上自己理想的學校。那次挫折，我不曉得該怎麼面對寄予厚望的父母與師長，一想到即將要面對一雙雙失望的目光，更讓我不敢向他們坦白。

當時我常光顧一間咖啡店，那家店的女老闆得知後很不以為然。她比我年長約十來歲，以前也是一個人獨自在國外讀書，認為我的問題全是少年不識愁滋味，純粹把問題放大。出身大陸農村的她和我分享了自己的故事。

小時候她沒有什麼目標，只想著能夠吃飽就是萬幸，隨著年齡增長，開始到外面的世界看看，她夢想著自己能上大學，於是為自己設定了目標，離開農村，考大學。第一次考試鎩羽而歸，手頭拮据的父母無力供給重考費用，於是她一邊到鄰居家的田地做事，一邊準備考試。第二年還是一樣高分落榜，但她給自己三年的時間，趕緊準備下一次考試，第三年意外被北京一級名校錄取。

這是她生命中第一次體會到：「只要努力，人生自會有驚喜。」

但隨之而來的驚喜變成了驚嚇。大學生活並沒有想像中美好，出身農村的她，打扮土氣，再加上年紀比周遭同學們大，一進學校就成了眾人議論的焦點。

想像中的美好世界竟跟現實不同，這讓她沉寂了一陣子，在宿舍總是低著頭，同寢室的室友稍微一句玩笑話，或者問她從那裡來，她的臉就會紅得像蘋果。她變得敏感又愛哭，只願意努力看書學習，相信知識能豐富心靈，並且開始修鍊自己的心，希望自己不要被鋼筋水泥的都市打敗。

她為自己樹立了第二個目標——考公費出國讀書。於是開始每天自習到很晚，學英文、做考題，每天做題目做得頭昏腦脹。周遭有些同學看到她的作為，總有些酸言酸語，認為她癡人做夢。直到她後來真的考上公費留學，才真正認識到：**「生活中會有很多糟糕的事，但如果能把那些糟糕轉化成動力，接下來得到的人生經驗，誰也拿不走！」**

到了紐西蘭後，她邊求學邊到餐廳端盤子，這期間她以為遇到了生命中的真愛，沒

想到卻是個負心漢，男人在她懷孕後再也找不到人，從此人間蒸發。

她沒有選擇打掉孩子，也沒有把孩子送人，而是透過社會救濟跟打零工來養活她和肚子裡的孩子。未婚懷孕的事也不敢讓保守的父母知道，直到孩子出生，她依然沒有勇氣開口。就這樣隱瞞了好多年，直到有能力將遠在中國大陸的父母接到紐西蘭來居住才公開。沒想到她父母知道後，不是責怪女兒未婚生子，而是埋怨女兒不早說，如果能夠早點知道，他們可以在女兒最需要幫助的時候做點什麼。他們心疼隻身在外的女兒，還有一出生就沒有爸爸的孫子……

她分享完自己的故事後告訴我：**「再強大的挫折，都會輸給你的行動與努力。」**並且對我說：**「生活什麼都不會給你，尤其是在你自己無心追求的時候。」**

「我很羨慕妳。」我聽完後說。

她笑嘆：「你羨慕我？你羨慕我出生農村？你羨慕我大學考了三次？你羨慕我讀大學只知道讀書而沒有朋友？你羨慕我到紐西蘭以後未婚生子一個人辛辛苦苦把孩子撫養長大？你羨慕我？你到底羨慕我什麼？」

我被老闆娘連珠炮似的問題問傻了。我為什麼要羨慕她？她得到的都是過去辛苦換來的。對於未來，我總是存著不切實際的幻想；對於挫折，我總是容易為小事沮喪，然後**時間就在不切實際的幻想與無意義的沮喪中慢慢消耗。**我忘了這世界上從來就沒有屬於自己的路，路都是自己闖出來的。

正確的說，我羨慕的不是她的經歷，而是她勇於追求自己想要的那種氣魄。生活跟自己想像中的樣子總有差距，如果自己不面對，只選擇逃避或歸責於成長的無奈，又有什麼資格抱怨？時間就像一塊良田，取決於你如何播種耕種，未來才有機會收穫。日復一日的不安，不採取行動的人只是咎由自取。

那年暑假，我開始認真思考自己到底想要做什麼……

我曾說要當科學家，但自從小學四年級自然考了七十五分後就放棄了；我曾說要當音樂家，但國中彈了幾個月的電子琴後就再也沒有練習過；我曾說要當作家，但從來沒有真正投稿過……

我似乎總是說了很多很多，卻半途而廢毫無所成。

那時我真的發現自己錯了，錯在作為不夠，而不是別人給你的機會不夠。我到底為了自己的未來付出了什麼？是否應該學會承擔責任，為自己開闢一條路？如果世界的規則不會因為一個人而改變，那是否應該努力壯大自己？唯有自己強大了，才能應對一切風浪；不夠努力，就不要怨別人為何能夠得到的比你多。

於是，我下定決心把寫了三年的部落格文章整理過後，投稿到出版社，努力為自己找一個機會。

當時沒有一間出版社願意幫我出書，我告訴自己如果此時放棄，幾年後未來的我再回頭看現在，只會更恨現在的我為何不堅持到底。透過不間斷的投稿，經過了整整一年，終於得到出版機會，雖然跟一開始所追求的不同，但那是我作家路的開端。

那份堅持至今已有十年，過程中有起有落，但無論遭遇再多的磨練，我總是告訴自己——**人生本來就充斥著各種問題，我們要做的是面對問題，也許不見得能一一擊破，但可以做到問心無愧。**

人生，永遠沒有到不了的地方，只有未下足的功夫。

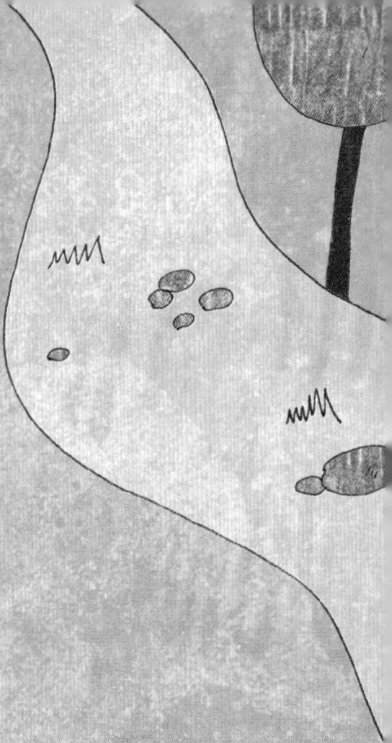

CHAPTER 2

人生籌碼與價值，靠累積

- 悶悶不樂時，代表你的心開始痊癒，時間會把你的心淬鍊得更堅強。
- 夢想必須先有一顆付出和堅持的心，才能得到別人的鼓勵和支持。
- 把該走的路走完，再走想走的路。勿忘你的初衷和底限。
- 幸福不是看到了才付出，而是付出了才有機會看到。
- 風涼話難免影響你一時的情緒，但別讓它們澆熄你一輩子的熱忱。

GO!

01 無法控制潮起潮落，就學會破浪前行

不要高估現在的你，
更不要低估未來的自己。

人在轉變時總對未來忐忑不安。

我曾在粉絲團分享過一句話：「沒有過不去的坎，只有過不去的心。」有位即將退伍的讀者說，這句話陪著他在軍中度過好些日子。可是問題來了，父母希望他學習傳統產業例如水電、裝潢這類的專業，那些工作出師後薪水都不錯，但他對程式設計比較有興趣，只是考慮到未來這條路競爭激烈，自己沒有天分，更怕未來存不到錢，窮忙一場。

他很想知道，即將邁入職場的他，到底是該依照父母的建議，還是繼續勇敢走自己的路？

我以前在國外求學時也常常對未來迷惘，尤其是剛進入奧克蘭大學商學院成為新鮮

人時，對於接下來的人生有些不知所措，深怕自己一個不小心就選錯科系，浪費四年青春，更怕畢業後入錯行。

在紐西蘭，大一新生沒有分科系，什麼都要學，從會計、金融、經濟到行銷、管理、商業法，都必須修足學分才能晉級。目的是為了降低學生焦慮，讓新鮮人在第一時間對商學院的各項課程有一定程度的基本概念，進而規畫生涯發展面向。同時，為了減少學生們的彷徨，學校也設置了顧問中心，派駐許多熱心的學長、學姐，用一對一諮詢的方式分享過往的經驗，外加專業的生涯規畫老師為你做更詳盡的解析。

這套系統行之有年，讓我得到了許多幫助，而令我印象深刻的是，絕大多數為我們排解心情的，是那些距離我們並不遙遠的學長姐們。

那時我被周遭的親友影響，再加上從商的父母親期盼我可以就讀金融理財、會計成本以得到更專業的知識背景，讓自己將來做生意可以更有概念，所以我第一年主修會計，第二年主修金融。只不過，等到真的念了之後才發現，自己真正的興趣是在行銷和管理。

短短的大學四年，我就為自己做了三次生涯修正，最終畢業於著重思考和趨勢分析的管理學系。

現在，距離我領到畢業證書的日子也過了幾年，回想那段求學時光，收穫最多的不只是專業管理知識，也更清楚的認識了自己。我明白，**生涯規畫不是做了就不容改變的，它應該根據不同時期的背景狀態重新評估**。每個人都應該為自己設停損點，堅持之前，要先思考堅持的原因和目的是否恰當，盲目的堅持是沒有意義的。至於放下，並非全是錯的，有時候那反而是一種解脫，讓我們更認識自己。

拉長來看，**人生是條單行道，最終結果都一樣，沒有所謂的選錯路，只是每個人都必須爲途中的決策負責，因爲路無法回頭**。

我告訴那位退伍在即的讀者，如果真的想進修程式設計，可以試著晚上補習，白天仍然做水電裝潢，等到未來程式設計學成後，你真的能夠用程式設計的技能來負擔日常生活的基本開銷，再來考慮是否轉業。

這位同學最終決定早上找份工作，晚上學程式設計，假日再上大學。對自己的夢想負責。可能有人會說：「哇！好辛苦！」但如果現在不種樹，將來如何乘涼？

沒有人喜歡領低薪，但不見得每個人最終都有能力領高薪，我也透過首次求職的歷練，印證了這個殘酷的道理。

當時，全球剛度過金融危機，景氣還沒復甦，臺灣又遇到薪水凍漲、青年失業率攀升等多方挑戰，我好不容易得到一次面試機會，應徵某企業的執行長特助一職。

第一次面試，我單獨一人空坐在入口處的沙發，等著執行長到來。等待好漫長，我緊張得猛吞口水，一看時間不是錯覺，真的等了三個小時！途中我好幾次感到不耐煩，心中默念不下數百次：「保持冷靜，不要中計了！這絕對是個耐心的試煉！」等我三個小時後正式與執行長會面時，整體面試時間卻又在短短半個小時左右結束。我們才剛對彼此有了初步認識，根本沒談到薪水和福利，就被執行長交代功課，安排下週簡報。

一週後，我帶著充分準備的簡報上場，執行長也對我的表現頗為滿意，然而等談到

了「薪資」議題時又是一番苦戰。

「你的期待薪資是？」

「我期待的薪資是四・五萬。」

話一說完，現場氣氛瞬間凍結，彼此沉默了五秒鐘，執行長才開口問：「這……是你的第一份工作吧？」

我點點頭，只見執行長搖著頭說：「你應該是剛從國外大學回來，不熟悉臺灣的環境……」他再度停頓，一手抓起電話直接把一位同仁找了進來，那名來客年紀與我差不多，彼此點頭示意後，執行長直接問：「某某某，這是你的第一份工作，你說一下起薪多少。」

「報告執行長，我起薪是二二K！」

那人說完後，執行長示意他離開。我強忍著難堪，等到人離開後，硬撐起一個微笑回應：「可是您需要的英文能力，我會；需要的簡報能力，我也會。甚至您問我會不會廣東話，我都沒有問題，那為什麼我不能拿我想要的薪水？」

初生之犢不畏虎，執行長大概沒想到我的回答竟如此直接，他思考片刻，直截了當的說：「我的層級只能簽到二二K到二八K，如果你有信心，我可以幫你安排跟總裁面試，如果總裁同意，四五K沒問題！」

當時我不曉得那是不是執行長的推託之詞（後來知道不是），但我依然接受了他的安排，預約下週與總裁面試的時間。

面試前一天，執行長特地打電話囑咐我提早到，他要提供一些應對總裁的眉眉角角。第二天果然是大陣仗，除了執行長、總裁，還有十來個高階主管，在會議室等著我的簡報。我壓下緊張的心情做完簡報，四平八穩地回答主管們的提問，靜待總裁指示。過程中，總裁臉上始終保持著禮貌的微笑。

簡報結束後他揮手示意其他主管們離場，偌大的會議室只剩下我、執行長與總裁。他邊誇邊審視我的履歷：「你的確是個人才，可是……第一份工作要求四萬五……」他「嘖」了一聲繼續說：「年輕人不用急，公司有調薪的制度，但初階員工最高薪資就是三萬塊，另外提供午、晚餐，如果你能接受就歡迎加入。」

我心中快速地撥起算盤，薪水三萬、外加兩餐的補貼，這樣的條件在臺灣以一個新鮮人來說似乎已經是可以接受的範圍了。於是我接受了總裁的建議，第一份正式工作的薪水以三萬塊定案。雖然內心依然對薪水不滿意，但缺乏工作經驗，就不該好高騖遠，高估現在的自己，只有累積經驗後再爭取更好的待遇。

一年後，我跳槽了兩家公司，爭取到理想中的薪水。事過境遷，我更瞭解到在大環境不好的狀況下，你不能放棄自己。如果現在不如預期，更應該投資自己的未來。停止抱怨吧！**人無法控制潮起潮落，但絕對可以學會破浪前行。**若是選擇什麼都不做，一味等待大環境變好，永遠無法幫自己增值。夢想決定一個人的未來，但想追求什麼，就必須在追求的過程中努力。**不要高估現在的你，更不要低估未來的自己。**

唯有願意付出，才有機會在不久的將來把人生活成自己想要的樣子。

02 勇於追求

現在得不到，不代表未來也得不到。

日本的動漫世界裡，主角們大多有一個共同點：年齡層落在十五至二十歲之間。可是我們很少人能像漫畫中的主角那樣，在年紀輕輕的時候成為世界的救世主，反而在跨過二十歲那道年齡的坎後，扛著日益沉重的擔子，拿著跟工作量完全不平等的薪水，拉扯著工作和感情的鋼索，經營著不見得想要的人脈……

直到過了三十歲，時間又會再刷掉一批原地踏步的人，找到另一批菜鳥，走著我們曾經走過的路。

漫畫裡，主角往往在年輕的時候就功成名就，但在真實人生中，二十歲到三十歲是人生最尷尬的時間點，我們不再是少年，但別人也不會太把你的話當真。

我的朋友莫妮卡今年二十六歲，畢業就進入臺灣的廣告業做企畫，領著比二二K稍

微好一點點薪水的她，正是時下二十世代的一道縮影。她長得一般，沒有火辣辣的線條，不是富二代，非名牌大學畢業，也沒有特別出色的英文能力。真的要說比別人出色的地方，大概就是所謂的吃苦耐勞、腳踏實地、虛心好學，那種面試時履歷表上俯拾皆是的特點。

真要說有何不一樣，大概就是她始終相信老闆畫的大餅。

比如：「公司年底的時候會給優秀的員工調整薪水，妳的表現一直很出色……」——用獎金畫大餅。

比如：「公司接下來會有一批儲備幹部的職級調整，妳是我們一直鎖定的人才……」——用職等畫大餅。

比如：「公司才剛剛開始，做久了未來妳就是主管職了……」——更狠，用未來畫大餅。

可是，這三年的歲末年終算賬時，我總會聽到莫妮卡一樣的抱怨：「薪水沒調整，職級照舊；未來不景氣，公司有新計畫，需要共體時艱。」她始終看不見什麼時候才

可以吃到那塊香噴噴的大餅，而且更讓人不爽的是，年終獎金還沒有隔壁成天摸魚的同事多。

工作二、三年後，職場小清新莫妮卡不想變成老油條，她一直問自己：「老闆畫的餅到底要不要吃？又究竟什麼時候才能吃得到？」

最終她領悟了一個道理：**吃餅，但不吃老闆畫的餅。**

於是今年莫妮卡累積了足夠經驗後，果斷的炒了老闆魷魚，跳槽到一家上海的廣告公司擔任企畫，待遇比臺灣老闆曾經畫的大餅還好得多。而且工作至今半年多，達成公司所設定的目標後，從來沒有拿不到老闆的餅（也就是獎金）的情況發生。

還記得我們歡送莫妮卡時，她說她離開臺北那間前公司之前，她的老闆曾傷痛欲絕外加無限惋惜地問：「為什麼要走？為什麼臺灣公司留不住人才？」

她說自己當時一句話也沒反駁，只是笑笑地默默搖頭離開，但心裡一直想反問一句：「這個問題，難道老闆們真的不知道答案嗎？」

面對老闆畫的大餅，她從一開始的深信不疑，到最後雖然不相信，卻也未嗤之以

鼻。因為她告訴自己：**與其相信老闆畫的餅，不如多增強自己的實力，清楚自己想要什麼，不要期待過高，也不要對生活麻木。**

那些你失去的，終究會以另一種形式回來。

生活要勇於追求，**即便現在得不到，不代表未來得不到。**

如果你在只有四塊餅的實力時，老闆畫了八塊餅，你唯一能做的就是把握當下努力充實自己，把時間用在最有效益的地方，絕對不是自怨自艾，對生活感到麻木。當你終於擁有了八塊餅的實力，就算老闆不給你，下一家公司還是能讓你吃到八塊餅！如果決定變成老油條停滯不前，那就會永遠錯失八塊餅的機會。

也許我們每個人都曾被老闆所畫的大餅呼嚨，但我們更容易因為吃不到餅而對未來感到麻木，寧願選擇穩定而不改變。

過了二十歲，再也不能像十來歲的時候那樣嚷嚷著一無所有，天不怕地不怕。我們該學著為自己而活，不為任何人，只為自己活得更精彩，才能把未來任何人所畫的大餅甩在身後，把握屬於自己的人生。

二〇一四年三月，兩百多名身穿黑衣的學生，為了表達自己反對黑箱服貿的立場而採取激烈舉動，於三月十八日晚上九點多衝破立院大門，占據了議場主席臺，並希望馬英九總統到立法院回應民意。

這場後來被稱為「太陽花學運」的運動在三月三十日達到高潮，吸引了超過五十萬人到總統府前的凱達格蘭大道靜坐，藉由服貿議題表達這幾年過得很悶、不開心、看不到臺灣的未來，他們需要一個集體宣洩的出口，而服貿的黑箱作業是壓垮這些負面情緒的最後一根稻草。

人在異鄉的莫妮卡心繫臺灣，專程從上海趕回來參與。靜坐結束，她與我們幾個朋友餐敘，席中有朋友問：「有沒有想過要回來？」

她無奈地說：「其實我非常想回來，但看不到未來，畢竟考慮到現實，回臺灣的薪水只有現在的三分之一，我好不容易幫自己加值，不想再被打回原點……」

莫妮卡說出了許多臺灣年輕人在海外工作的心聲。

當下我們幾個不到三十歲的年輕人談到未來的規畫，一桌八個人，除了我，幾乎都想到國外看看，理由都只有一個——看不到自己的未來。

我的朋友們不是異類，根據第九〇二期的《今周刊》與波仕特線上市調網針對一一九六位二十歲以上、三十五歲以下年輕人進行的線上問卷調查，結果顯示居然有高達六一・五%的年輕人對未來感到「沒有希望」或「非常沒有希望」。

朋友們大多認為，與其在臺灣浪費生命，不如到國外闖蕩。有人已經開始到對岸上班，還有人預計到國外打工旅遊，日本、澳洲、紐西蘭都是選項。

因為留在臺灣，不只機會愈來愈少，薪水還會愈來愈薄。

其中有個女性朋友舉了電影《白日夢冒險王》為例，希望自己的人生可以向班・史提勒飾演的電影男主角看齊，從一輩子都是素人到不行的平凡上班族，放手一搏。她想到日本打工旅遊，體驗不一樣的文化和景致。

人生可以很精彩，冒險的過程就是圓夢。

朋友描繪得很動人，但到上海工作一陣子的莫妮卡提出了另一種角度的思考：「離開臺灣後，你會發現自己是異鄉人。那裡不是你的家，平常除了上班下班，很少會去

關心當地的其他事物。我已經是在堪稱語言和文化最接近臺灣的大陸了，始終還是格格不入。」

她想了想又說：「未來如果有機會，我還是會選擇回來，因為這份『歸屬感』任何地方都取代不了。」

我非常能理解莫妮卡的感觸，因為我從小離鄉背井，從大陸到紐西蘭，兩地加起來的時間超過十二年，在目前二十七歲的人生中占了幾乎一半的光景，最後之所以選擇回到臺灣，也是為了那一份無法取代的歸屬感。

不過在此同時，我也非常鼓勵其他朋友出國看看，因為只有勇敢踏出去，才能領略世界的美好。

旅程中，也許會發現原本追求的，在一開始就已擁有。

體驗生活絕對是件好事，那是一種經營自我的累積，一切的酸甜苦辣都只有自己走過才能瞭解。

只要出發前思考過究竟爲什麼出國，過程中不要忘記你的初衷，就已足夠。

對莫妮卡來說，出國是為了一份比較好的待遇；對我另一個朋友來說，出國是為了體驗人生；對我來說：**漂泊，是爲了找一個陪你走到最後的人。**

再遠的旅行，最終目的還是回家。

03

迷惘是好的

迷惘，讓自己找到更清晰的路。

前陣子，有位關心我的前輩特地在臉書分享了一篇文章，內容提到了很多「三十歲以前能做」和「三十歲以後不能做」的事，比如說責任，或者承諾。他透過軟性的方式告訴我：「又過了一年，我的二十幾歲特權正在悄悄的過期，在享受人生的同時也要保持警覺，以免過了幾年夢想沒追到，又丟掉了大好前程。」

這不由得讓我開始思考，如果青春有完結篇，那到底該是幾歲？為了尋找一般社會大眾對這件事情的看法，我透過粉絲團做了一個小調查。

有些未滿二十五歲的粉絲說：「心態不老，青春不滅」、「有熱忱，熱血的心，不管幾歲都可以是青春喔！」也有一位社會新鮮人說：「踏入真實的社會就不青春了。」

不同的環境造就了每個人對同一件事的不同看法；但同樣的是，人們總是在夢想和

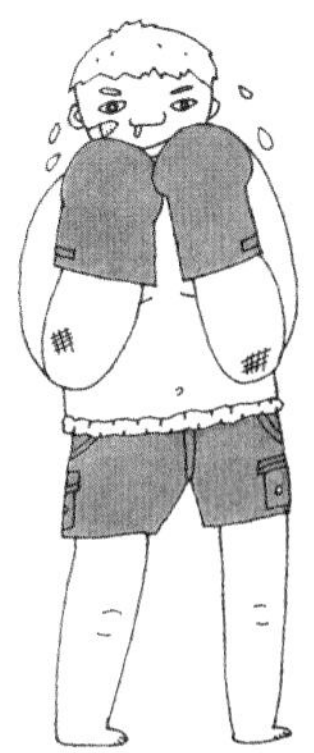

現實間搖擺不定。

現在的我花了很大的勇氣追尋自己的夢想，明白追夢要踏實，也知道許多夢想需要源源不絕的銀彈支援，尋找的過程難免感到害怕和迷惘。不過，我總是告訴自己：**迷惘是好的，正是迷惘，才讓自己未來能找到更清晰的路。**

長大以後，夢想不見得要大鳴大放。只要負起該負的責任，用自己的力量養活自己，找到一種讓自己「不後悔」的生活和工作方式，再把它做得很精彩，那就夠了！

青春有完結篇，但回首是留不住那段光陰的，我們只能用微笑來面對那段牽不住的時光，致那段我們共同有過的青春。雖然不免有些惆悵，但人生不就是這樣嗎？總是歷經一個又一個的改變，唯一能做的就是在每一個新的階段，**不為過往而無奈，只為當下和未來而快樂**，用最感恩的心，好好的活下去。

試著看「清」自己，別看輕自己，要活得灑脫。

每個人都想要成功和幸福，可惜的是，成功和幸福都無法模式化，更不可能被簡單化。幸福、成功不等於A+B+C的制式公式。更不可能買了一本書，照著書中的

指示去做，就能夢想成真。**世上從來不會有兩片一模一樣的樹葉，每個人遇到的事情都是與衆不同的，盲目的相信任何成功方程式都沒有意義。**

這兩年有幸透過文字分享自己的經驗，也開始在網路上收到讀者的回饋，那些信就像一面鏡子，反映出社會大眾當下面對的壓力和困惑。有些讀者分享找不到生命定位的挫折、有人受挫於一時的困難，渴望改變卻找不到突破的出口，希望尋找讓自己生活更幸福的辦法；也曾有過癌末患者家屬的感謝信，謝謝我在他們無助的時候，寫了一段鼓勵他們的話。

記得第一次簽書會時，我收到一張感謝的小紙條，讀者告訴我，在他茫然是否該創業時，是我的作品讓他勇敢跨出那一步；還有許多轉職、考試失利的學生們來信，讓我知道我的文字有機會讓這些不快樂轉變成另一種讓人前進的動力，我才逐漸瞭解自己在做的事有何意義。

人們需要激勵人心的力量，雖然這些大道理我們都曾聽過，卻很容易忘在腦後，因此才會需要透過一篇又一篇的文字紀錄，隨時提醒人們敞開心胸去看清自己與周遭的一切人事物，拼湊屬於自己的無悔人生。

生活不可能永遠處在輕鬆、瀟灑、自由的階段，世界也沒有所謂的最好年代，永遠都會有不同的問題存在，試著接受每個階段的使命，讓自己盡量做到最好，承擔自己該付的責任，活出屬於自己的精彩和價值，才是最重要的。

你遇過的所有關卡，
都會在未來
豐富你的生命，
在某一刻
成為前進的力量。

04 先努力，才能改變世界

低薪只應是人生過渡期，不要委屈一輩子。

很多剛出社會的年輕人普遍對畢業後的未來摸不著頭緒，甚至連名校大學的畢業生，出社會第一份工作也都只敢要求二二K。

我剛畢業時，也面臨到一個略微尷尬的情況：不再那麼年輕，卻也沒有足夠的成長，想依靠自己又似乎還差了那麼一點。

有一次我到南部一所知名的國立大學演講，接待人員是一位企管系大四女學生，姑且叫她小如（化名），就讀的學校在臺灣是數一數二的大學，能考進去的都是成績優異的學生。那天演講結束，我和小如私下聊了一陣子，她談起自己現在找到的畢業後第一份工作，是一份月薪兩萬二的行政助理。

我有點訝異，因為就連名校畢業的她，第一份工作也都只敢要求兩萬二，那其他學校的畢業生又有什麼資本可以要求更好的薪水？

我忍不住問，為什麼把一開始的標準訂得那麼低？她苦笑道：「你是『天龍國』的人，不懂行情。南部的新鮮人，第一份工作能有兩萬二，已經是很好的工作了。」礙於我不是很瞭解南部的職場現況，加上那畢竟是她的選擇，所以當時我只說：「腳踏實地和知足很好，但別低估自己未來的價值，儘量不要在這份低薪的工作上耗太久，一邊做一邊尋找下一個機會，不然只會浪費自己的時間。」

因爲我相信，我們雖然不能改變環境，但可以加快自己蛻變的腳步。

半年後，我和小如再度聯繫，問她過得怎樣，學到了什麼？她說：「很多。」那麼學到的這些東西對下一份工作有幫助嗎？答案卻不盡然。

小如所謂的「學到很多」，指的是人情冷暖、職場險惡。但我覺得，所謂真的有學到東西，指的應該是可以累積帶進下一份工作，或者可以幫履歷表加分的東西。因為人情冷暖這種東西，不管去哪裡都會有人教你，你也都會學到「很多」，可是**專業技能不是到處都可以學到的，而那才是增加你職場價值的籌碼。**

二二K可以是我們一時的薪水，但絕不代表我們一輩子的價值。

後來又有一次到臺南演講，我在演講現場問：「這裡有人領過二二K的嗎？有的話請舉手。」

全場四十人有四位舉手，我便隨機點了一位問：「請問妳領了多久？」

「九年。」她說。

這個答案震驚了我的小宇宙，於是繼續追問：「九年？難道妳沒想過要改變？」

她回答，因為穩定，再加上學歷、經驗都不足，後來就老了，更難。

「其實妳一開始也沒想過會待九年，只是拖著拖著就過了。可是不管怎樣都會變老，為什麼不朝著自己想要的方式去變老？即便妳現在年紀大，但不管怎樣都是要過下去，為什麼不花個五年努力去提升自己的能力、去改變，用更好的狀態去迎接五年後的自己？」

她勉強笑了一下，但我不曉得她有沒有聽進去。

回家後在網路上分享這則故事，得到好多留言，大部分都表示「沒那麼簡單」。

當然沒那麼簡單！很多時候，**一句話只能安慰失落的心，無法安慰悲觀的人。**現實確實有許多必須考量的因素，比如學歷、家庭、金錢等，但每個人都有屬於自己的挫折要克服。如果只看到自己的困境，卻沒有心付出，就不能怪有人為何得以走在夢想的路上，有人卻只能被現實壓得原地踏步。

人生充斥著各式問題，但別只看到那些不可能，試著堅持一個小小的可能，再用千百倍的努力去彌補自身不足，才有機會克服萬難，打造夢想中的幸福人生。如果現在的狀況不如預期，你更應該投資自己。在這個前有迷霧、後有壓力的位置，你會慢慢瞭解到，世界本來就沒有所謂的「公平」。只有努力過了、得到資源後，才能用現有的資源為自己爭取最接近公平的機會。與其埋怨世界不給你機會、現實有多麼黑暗，不如把握時間與機會，用更好的姿態迎接自己的未來。

夢想決定一個人的高度，但想追求什麼，就必須在追求的過程中努力。我們，都可以很勇敢！

05 不計輸贏的人生

人生和自我不是用來戰勝，是用來體悟的。

有次搭車前往演講地點的途中，計程車司機問了我的職業。我回答現在專職寫作和演講，他一聽，熱情的分享了一則大黃牛和大黃狗的故事。

他說，年輕時被老闆指派去聽一場演講，演講的主題是：如何激發員工的潛能。當時演講的聽眾們大多是事業有成的老闆，只有他是一名小小的業務，而這個講師的故事，改變了他的一生——

鄉下有個農夫養了一頭大黃牛和一隻大黃狗，大黃牛負責耕田，大黃狗負責看家，雖然沒有大富大貴，卻也溫飽無憂。

一年春耕，大黃牛生了病沒法耕田，農夫只好自己挽起衣袖和褲管，在田裡頂著大太陽犁田。他的汗水不斷從腦袋往下流，一下子就把衣襟全淋溼了，腳下的草鞋也被磨得越來越破爛，直到晚上才能喘口氣。

農夫想，春耕這件事實在沒辦法憑著個人力量在期限前完成。在這樣無奈的時候，他想到了家裡的大黃狗。

第二天，農夫把大黃狗帶到了田邊，拿出大黃狗最喜歡的肉骨頭，問牠：「想吃嗎？」大黃狗看到香噴噴的肉骨頭興奮地點頭搖尾，恨不得即刻大快朵頤。接下來農夫把大黃牛耕田的犁架在大黃狗身上，再把肉骨頭朝著田的另一頭一扔，對大黃狗說：「只要把田耕完，就可以吃到肉骨頭了！」

當天晚上，大黃狗成功地吃到了肉骨頭，農夫也如期完成了春耕。

司機說，講師用這則故事想讓現場的大老闆們體會到：「重賞之下必有勇夫，如果要激發員工的潛能，就必須提供誘因。」但他當時得到的收穫是：「跟大黃狗學習，只要努力就能得到獎勵！」所以他開始積極參加公司舉辦的各式比賽，也獲得了像出國旅行和高額獎金等不錯的回報。

可是，工作不等同於學業，不是努力就一定會有結果。

最後，老闆提拔了惦惦吃三碗公的大黃牛，而不是業績銷售最突出的他。相反的，他被公司資遣，後來為了維持生計，決定改行開計程車。

司機說：「繞了一大圈，又回到原點一事無成。」他後悔當時一心只想成為大黃狗，而不是像大黃牛那樣韜光養晦。這麼多年下來，他說他明白了一個道理：很多事情走過了才有體悟。

他很慶幸白己繞了一大圈，因為如果沒有走過，又怎麼會知道原點在哪裡。畢竟，很多事情闖進了生活，無論高興快樂、悲傷痛苦，時間終會將它消磨變淡。

經歷多了，心就堅強了，路也走得踏實了。

當下我聽完司機大哥的故事，第一個想法不是成為大黃牛或大黃狗，反倒是問了司機一句：「為什麼聽完故事以後，你的感想不是成為農夫呢？」畢竟，這個故事最大的得益者，既不是大黃牛也不是大黃狗，而是農夫。

司機笑笑的告訴我，每個年紀都有不同的追求。剛出社會時，他曾想過向大黃狗學

習，出社會幾年後，他也像我一樣希望可以成為運籌帷幄的農夫，但現在他不在意到底該成為大黃狗、大黃牛還是農夫了，因為他滿足現在的生活。

後來到了演講場合，結束後有兩位女孩私下與我分享了她們的夢想。

其中一位說，她的夢想是成為一個「有出息」的人，在工作領域上很成功。

「怎麼樣才算很成功？」我問。

「等到能夠被母校邀請回來，站在講臺上分享自己的經驗，就很成功了。」

聽完以後，我笑著祝福她早日達成自己的夢想，但心中仍然在思考：**難道夢想真的只有「站在高崗上」才算成功嗎？難道在追求夢想的過程中，我們只能尋找發光發熱、被全世界看見的那一天嗎？**

另一個女孩說，她的夢想是「開一間自助餐店」。她說的時候還有點不好意思，先偷偷看了我一眼，再看了看隔壁那位想要成為「有出息的人」的女孩子，深吸了一口氣才繼續，說她希望開一間能讓家人隨時進來飽餐一頓的自助餐店。因為她從小家境

不好，父母為了籌措家計，常常吃不飽、穿不暖，把飯菜都留給她和弟弟。每次只要她問：「那你們吃飽了嗎？」父母都會點點頭，可是她知道父母根本沒有吃飽。

她謙稱自己沒有什麼偉大的夢想，只求一家人吃得飽、穿得暖。為了達成這個心願，現在的她努力半工半讀，即使每天工作非常勞累，要為五、六百人準備團膳，從早忙到晚，領著一份微薄的薪水，但她依然堅信這份工作可以為「開設自助餐店」奠定一個良好的基礎，所以她現在還在為了自己的夢想繼續付出。

說完後，這位女大生還是一副不好意思的模樣，我好奇的詢問她為何感到尷尬？她說，因為她的夢想跟很多人的不大相同，這個夢想似乎太過渺小，不適合說出來。

我後來寫給她一段話：人生最難找的，就是那些屬於自己的寶藏，但尋找的過程是最值得的。

又過了幾天，我和一位年紀相仿的朋友談到這兩件事——女大生的夢想和司機大哥的故事。朋友反問：「想成為農夫，前提是要有那支肉骨頭，可是我們的肉骨頭又在

哪裡？」他感嘆地說：「有些東西雖然不合理，但必須相信；有些東西雖然不牢靠，卻也只能依靠。那兩位女學生如果需要完成夢想，也需要肉骨頭讓她們吃飽繼續走，你給那位女大生的話，其中最難得到的也是寶藏不是嗎？」我的朋友認為，肉骨頭就好像寶藏，是必須擁有的誘因。不然就沒有動力持續追夢。

回頭想想，我們所關注的都是那支看似香噴噴的肉骨頭，也就是我們認定的、所謂的「人生寶藏」。但我們究竟什麼時候才會明白，**人生和自我都不是用來戰勝的，而是用來體悟的？**

靜下心看，人生該效法的不是大黃狗、大黃牛或農夫，更不是那個把所有人都搞得心癢癢的肉骨頭，而是那位司機大哥的處事態度。

我慢慢瞭解了司機大哥這幾年累積的人生智慧。當你感到知足和滿足的時候，就不會想要去成為別人。不管命運把你拋向何方，你都能泰然處之；不管現實如何殘酷，你都會坦然面對，好好生活。

夢想不全然只是為了證明自己，成功也不單純只是用金錢的多寡來認定。當夢想不

是為了自己，而是為了讓家人過更好的生活時，這樣的夢想一點也不渺小，反而更能感受到其中的真諦——**夢想不在於你能夠打敗多少人脫穎而出，而是面對險惡的現實環境，仍對自己的信念不輕言辜負。**

但願多年以後，我們就算聽膩謊言、承受欺騙、習慣敷衍、忘記誓言，當我們經歷了生活的汲汲營營，當夢想被無情的現實磨損、天真被世界嘲笑的時候，我們依然不會因為歷經滄桑而斷然拒絕成長。

06 努力了，才會有希望

勇於應變，人生轉個彎又何妨。

臺灣曾有位準博士放棄高薪教職工作，改行賣雞排引起社會熱議，可是這幾年，這種高學歷「低就」的案例日益增加。據二〇一四年主計處五年一度的攤販普查報告，大專及以上學歷的攤販從上次的二％大幅躍升為一一．五八％，高學歷年輕人投入做攤販的人數明顯提升。

除了臺灣「高學歷攤販」人數有增加趨勢，整個華人社會對這類議題也愈來愈感興趣。前幾年，有位北大法律系的學生輟學改行賣米粉，頓時成了社會焦點，網路上唇槍舌戰的精彩程度，絲毫不輸當時臺灣準博士改行賣雞排的新聞議題。

縱觀專家的看法，多半將結論歸咎政府未能提供充足的就業機會，以及教改的產學落差太大，導致大學文憑沒有鑑別度，讓新鮮人無法好好掌握生涯規畫的方向。

可是，那些結論實在令人感到困惑。我們明明都明白「職業不分貴賤」的道理，但在望子成龍、望女成鳳的華人社會，當學歷和工作不符社會期待時，總是很容易被拿來做文章。其實就算想做的事情跟社會大眾期待不符，又有什麼關係？只要不偷不搶，靠自己的雙手過活，賺得多寡與旁人又有何干？

十年前，有位紐西蘭的學姐從國外大學回臺後，在夜市擺攤賣爆米花。剛開始沒有人支持，周遭的親朋好友雖沒有冷嘲熱諷，卻一再表示「關心」，認為堂堂國外大學生回臺發展，為何不好好找一份「穩定的工作」，怎麼會跑到夜市賣爆米花呢？

學姐沒有耗費太多時間一一解釋，也不理會那些質疑，唯一的回應就是燃燒熱情，把爆米花做到極致。她將產品差異化，嘗試把味道單調的爆米花變成多元的口味，接著再導入科技，讓迷哥迷姐可以透過網路購買宅配到家。終於，幾年前她的爆米花成了網購奇蹟，開了幾家分店，期待未來可以進軍各大超商。

成功足以粉碎當初的一切質疑，可是那不重要，因為對一個人來說，成功的評價如

果只看錢賺得多不多，真是相當的悲哀。對學姐來說，真正值得在乎的從來不是那些人的質疑或異樣眼光，而是如何穩健地朝著目標前進，磨練自己的真功夫！

前陣子有一位讀者告訴我，父母期待他考公職，可是他不知道那到底是否真是自己想要的。他認為由於目前工作與本身所學科系並無關聯，現在只是為了賺錢而勉強待在這個位置，導致讀書時間變少，學習意願降低……喪失動力的他，希望得到幾句勉勵的話。

可是，我沒有辦法勉勵一個本身不願意付出的人。

暫且不提我對只求穩定無心做事的公務員很感冒，當看到讀者提到自己僅僅是背負著父母的期盼，並沒有擔任公職的熱忱，讓我想到未來他是否也會把自己的期盼加諸在孩子身上，造成一連串的惡性循環？

既然無心為人民服務，就不要選擇公職。臺灣實在不差一個公務員。

人到底為何會感到焦慮？尤其當已經在一家公司領取一份穩定的薪水、前途有保障的時候，到底是什麼讓心產生焦慮？這是因為你不想只做到一般意義上的「成功」，還想把生活過得有意義，又不曉得兩種目標如何同時達成。

人生從來不是一條筆直走到底的路，我們常常會遇到需要轉彎的十字路口，過程中難免手足無措，但只要懂得應變，轉彎又何妨。不要堅持不該堅持的、放下不該放下的。是戰是逃，都是你的決定。如果一味把問題歸在別人身上，不願做出努力，誰也沒辦法幫你。

去年有個朋友在臺灣某縣政府當替代役。一次與縣政府某單位組長聚餐，幾杯黃湯下肚後，局長拍拍朋友的肩膀說：「我像你這麼大的時候，把人生目標定在入閣，這樣即使入不了閣，最差的情況也能混個縣市首長！」此話一出，有人突然蹦出一句：「您這個笑話都講了二十多年，怎麼還提啊！」

朋友事後在一次聚會裡說，他覺得這句話頗為尷尬，但組長周遭的同僚們聽完都哈

哈大笑，令他百思不得其解。既然組長早在二十年前就提過這句話，怎麼二十年過去依然只是組長，沒有活成自己想要的樣子？

其他朋友分析，那位組長跟當時把酒言歡的幾位關係很好，彼此熟到不行，只是平常聊的話題不像我們這群年輕人會談夢想、談未來，談自己該怎麼改變。他們大多喜歡針對時事開講，常常埋怨政府、批評社會不公不義，卻很少談到自己可以做什麼。

組長與他的朋友們屬於長輩，年紀就和我們的父母差不多。也許夢想、未來距離太過遙遠，即使沒有忘記那些目標，隨著時光流逝，目標依然只停留在遠方，於是平常不會再有人提起，唯有酒酣耳熱之際才會回想那些年曾有過的豪情壯志。

朋友感嘆：**「生活的殘酷，就是那些看上去兩、三步的距離，卻一輩子都無法走完。」**可是，反過來這也是生活最迷人的地方，那些彷彿一輩子都走不完的距離，總會有人達到，就看你願不願意在還沒有任何保證之前付出精力。

韓國作家朴慶哲曾寫道：**「人生好比煮開水，沸騰前的累積才重要。」**

世間事也一樣，沒有一步登天的道理。那位喪失動力的讀者在信中感慨：「人生就像一道選擇題。」可是我卻認為，人生從來不像選擇題，而是一道證明題，等著你去驗證屬於自己的答案。

如果不知道自己到底想要什麼，就找個時間認清自己的本質，先把該做的本分努力做到最好，就像那句熟悉的話說的：**「人生從來都不是等看到希望以後才開始努力，而是努力了以後才有希望。」**

趁著年輕，不要靜止不動，隨時準備接受調整。就算你認為心中的夢想可能永遠無法實現，也要記住那份信念。只要牢記初衷，牢記未來由你自己掌握，那信念就能指引你到那個有意義的彼岸。

記住有多少人在你背後支持，
而不是有多少人在你前面阻擋。

07 回頭看，但不走回頭路

不冒險，有時比冒險更危險。

有個大四的女大生，畢業製作是負責影片拍攝策畫，內容是一部關於同性婚姻的紀錄片，她的組員們認真負責，她卻因為理念與組員不同而產生歧見。她用劇情片的形式拍攝，同學們卻決定以樸素的記錄片模式進行，雙方的認知與溝通有明顯落差，為此她十分苦惱，不知是否該拒絕這個畢業作品的籌備工作。

我想，不只求學期間會遇到這個問題，求職也一樣。每個人都會遇到進退兩難的抉擇。明明喜歡這個產業，實際工作後卻發現工作性質或內容讓人卻步。每當機遇降臨時，我們都希望可以毫不猶豫，昂首挺胸的面對眼前的挑戰，偏偏現實很難如願。很多時候就算清楚瞭解，對尚未進行的事產生畏懼是不對的，然而等真到了挑戰的時候又怕實力不足，裹足不前。

剛開始寫作時，我也遇過類似狀況。

十九歲那年，我出版了第一本書，原本自行設定的閱讀族群是一般社會大眾，以散文的形式記錄孩提時代在大陸求學的面面觀，從臺灣人的角度去看各方文化差異。不過，提案給出版社後，主編決定重設方向，雖然大陸求學的大方向不變，但改以小說的方式來進行，並且將讀者設定年紀在十至十四歲，連筆觸也有特殊規定。此外，書的劇情大綱、封面設計等，也都必須遵照出版社的想法來執行。

剛開始我很排斥主編的想法，畢竟這跟我一開始設想的內容完全不同，可是我告訴自己，透過這次經驗可以瞭解作者與編輯之間的運作過程。於是我接受出版社的調整，並且準時繳出稿件。雖然出版後，那本書沒有引起太多讀者迴響，但我依然得到一次寶貴的學習經驗，至今受用無窮。

女大生在信中很明白的提到畢展籌備「組員都是認真型」，那麼僵持的點就卡在她自己身上。雖然清楚知道畢業製作如果做得好，成就相對輝煌，能認識不少學長姐，拓展人脈，但除了題材不感興趣，更怕自己沒實力承擔隨之而來的一切責任。

其實做決定前，應該思考自己到底想要的是什麼？**是做一個自己想要的企畫，還是想從執行過程中得到經驗？**

很多人都有遠大的夢想，卻不曉得把夢想分割成一個個小目標。為了避免眼高手低，我在規畫時總會畫一個倒過來的三角形，把最終夢想放在最上面，把達到夢想之前的小目標逐一放置在下面的位置。如此這般，你會發現原本最在意的事，在這個倒三角形中所占的比例反而最小，不是什麼了不起的事；進而瞭解到夢想的實踐過程與自我調整的重要。

如果目標是追求最終的圓夢，就必須義無反顧的走下去，就算失敗也不過是一次挫折。挫折是夢想藍圖的轉機，逼得我們不得不思考未來該怎麼繼續前行。**不知道路在何方時，可以回頭看，但絕不能走回頭路。**回頭看可以讓你從過去的經歷中學習，而走回頭路就算比較平穩，卻無法創造自己最大的價值。

有個朋友夢想成為電影文案創作者，尤其渴望主筆好萊塢各大愛情喜劇片的宣傳

詞。她總是再三編織未來的夢想，渴望自己的文案能和那些知名大作一起被擺放在各大戲院的海報上。最終她費了一番功夫，總算進入一間電影發行公司負責文案撰寫。這是她夢寐以求的工作，但當她滿懷希望和夢想時，老闆指派她的第一個任務卻是負責泰國恐怖片的文案。

我聽到這個消息不禁啞然失笑，足以想像她當時的尷尬表情。我們相交多年，早知道她最怕看恐怖片，這下卻要負責執筆恐怖片的文案，實在情何以堪。然而朋友最後還是硬著頭皮把泰國恐怖片看完，而且足足看了四、五次，繳出一份令老闆滿意的文案作品。

事後我好奇地問，難道看恐怖片時不會感到害怕嗎，到底是如何克服內心的恐懼？她告訴我，當然害怕！可是如果想要成為一名出色的愛情電影文案人員，必須先經歷一百次、一千次的恐怖電影洗禮，為了達成夢想，就必須克服自己的恐懼。

我想，這個答案不只回答了前面女大生的問題，也為所有搖擺不定的人做了最佳詮釋——**夢想從來不是唾手可得的，哪怕只有一%的機會，也要付出一〇〇%的努力。**

不要放棄能夠提升自己的機會，**選擇不冒險，有時反而比冒險更危險**。當機會出現時，沒有人是做足了百分百的準備，人生中不可預期的事太多，若不想錯過，唯有自行跨出舒適圈勇於面對，認真上路，才有可能在尋覓的過程中找到理想。

實際一點，才能走得更遠。人生充滿了高低起伏，毋須抱怨，毋須解釋；**夢想之所以珍貴，就是在逆境中不忘堅持的那份信念**。那些輕易得到的，不會長久；能夠長長久久的，不會得來那麼容易。

雖然說，任何值得擁有的東西都要禁得起等待，但等待的過程也別忘記，**機會從來都在，只是在它出現時，你捨不捨得放下手中握著的東西，伸出手去抓住它**。

08 拓展人脈，先提升自我層次

累積人脈，不是換換名片就好。

有個剛成為業務的朋友為了開拓人脈，想參加一些社團，希望藉此換到更多名片迅速累積人脈資源。實際接觸後，他發現社團需要入會費，這對一個月不過三萬多薪水的他也是一筆負擔。但幾經衡量，為了認識更多「金字塔頂端」的客戶，做更多業績賺回會費，他竟然把心一橫，一口氣加入了三個不同的社團。

沒想到，入社後才發現，成員中有許多跟他一樣目的的人：賣保險、賣基金、賣各式金融商品的人都有，他的目的非但沒有達成，還差點被剝了好多層皮。我的朋友宛如誤闖叢林的小白兔，第二個月後就再也不敢參加任何社團邀約活動。

對初入職場的我們來說，累積人脈實在大不易。尤其做業務的可能更有「認識金字塔頂端客戶」的迫切性，可是如果總抱持著要把錢賺回來的想法，只怕難以如願。換

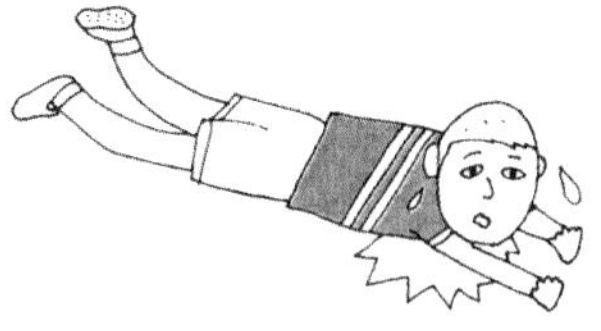

個角度想，如果是你自己在某聚會場合遇到極欲推銷的「朋友」，會毫不猶豫的點頭協助對方嗎？

幾年前我在替代役生涯獲得了上述問題的解答。那年我在國小擔任英文助教，曾私下詢問一位一年級的小女生琪琪：「朋友之中最喜歡誰？」

琪琪先大聲回答：「都喜歡！」確定周遭沒人以後才又輕聲說：「我最喜歡的只有兩個，一個是二年級的男生小凱，另一個是樂樂。」樂樂跟琪琪同班，可是兩人平常玩在一塊的女生朋友們不少，我好奇地問：「為什麼選樂樂和小凱呢？」

琪琪這下毫不猶豫地回答：「因為我跟樂樂都會換玩具一起玩。」我又問：「其他人沒有嗎？」

琪琪歪頭想了想說：「有，可是很少，而且很多人都只會拿我的玩具，好壞。」我笑了笑又問：「那為什麼最喜歡二年級的小凱？」

琪琪猶豫好久，再三確認我會保密後才說：「因為他很帥，而且會給我新玩具！」

過了幾天，我結束課後輔導後問了班上的小凱一樣的問題：「朋友之中最喜歡誰？」小凱的名單裡沒有琪琪，我感嘆學生間關係的微妙，同時決定不告訴琪琪這個令人心碎的消息。

基於種種原因，人與人之間的交往不是三言兩語就能搞清楚的，但琪琪口中「最喜歡的朋友」是兩個人一起「交換」玩具玩，不像其他朋友只會「拿」她的玩具。

某種意義上，雖然大多數人不願承認，但「友情」需要建立在一種平等的關係上，如果只是一味索取，最終只會成為對方的負擔，難免無疾而終。類似的例子生活中隨處可見，每個人從小時候就會開始挑朋友，沒有人喜歡被剝奪的感覺。出社會後，人與人之間的交往不像學生時代單純，雖然沒有現實到互相利用的程度，可是最起碼能學著互惠，如果只單純考慮自己所需，總會讓人厭煩。

有一次在某科技大學演講，有位學生問：「成為專職作家後，你會不會覺得自己的人脈少了很多？」

我想這是一般人的刻板印象，認為不到職場上班就會少了很多人脈。但在社群網路的年代，粉絲也是一種人脈。科技充分縮短了我們的溝通距離，人與人之間擁有了一種全新的溝通介面。透過粉絲團，我快速找到了一群同好，彼此之間的關係沒有壓力，進而將虛擬人脈導引到真實世界，相乘互補。

甫入職場時，我曾買過一本厚厚的名片簿，把所有搜集到的名片，尤其是有機會接觸到的高階主管，一絲不苟地分門別類，目的就是希望迅速累積自己的人脈，同時抱持著一種信念：無論認識的時間多短，一定都會成為一生的寶貴經驗。

可是在盲目追求建立人脈時，我卻忽略了「人脈是要經營的」。過了兩年，我再回去找當時認識的人，卻發現那些人不見得記得我是誰，甚至早就另謀高就，從事不同領域的工作了。

後來透過經營粉絲團、寫書的方式經營自己，更是體會到，如果想提升自己的人脈、提升自己認識的人的層次，該做的不是去找層次高的人見面吃飯聊天，而是應該**先專心提升自己的層次。**先充實自身實力，有些機會、有些人自然會來。

前陣子有位成功企業家在大學演講時提出一個論點：「薪水不到五萬，就回家向父母要兩萬，拿去交朋友。」臺下大學生們聽了歡聲雷動，但經過媒體報導後又在社會上引起一陣熱議。我的臉書也被正反兩面意見洗版，各種不同的討論充斥整個網頁，從經營人脈到底是否需要花錢，到出社會是否還要跟父母伸手，延伸到臺灣薪資結構低得可憐……

後來仔細看完那位企業家的完整發言，發現他的重點其實是「人脈的重點在於投資自己」，卻被斷章取義渲染成「回家跟父母拿錢交朋友」。他呼籲的明明就是要年輕一輩少存一點錢、少一點奢華，多踏出去電腦以外的世界、多交一點真正的好朋友，但媒體和輿論把這番話的重點曲解成伸手牌或靠家人養的尼特族……

有問題的不是企業家的價值觀，而是畫錯重點的媒體與大眾。

我們常常在追求的過程中陷入盲點，急著對別人的發言挑毛病，忘了瞻前顧後，忘了思考自己本身所擁有的，到底是否值得他人幫助。**人脈的經營固然重要，但自身專業才是根本。**真正有用的人脈，是增加別人認識你的機會。需要表現的時候，好好表

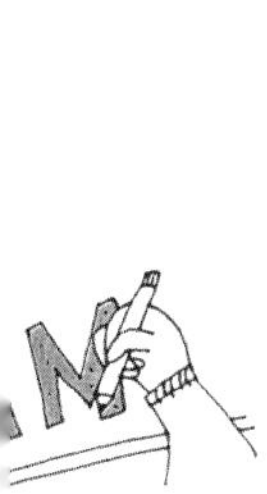

現，試著讓別人在需要時會想到你，而不是自己有需要的時候才去尋求幫助。

唯有讓自己不斷地茁壯成長，才是拓展人脈的最佳武器。

別人認為
你是哪一種人不重要，
重要的是
你到底是那一種人。

09 人生，別看一時的成敗

不是每一種痛，都可以肆無忌憚的吶喊。

我的同學小花是個業務，出社會後一直懷抱著從業務助理邁向頂尖業務的夢想，至今已經六年。她的路走得跌跌撞撞，前陣子遇到公司經營不善被裁員，透過朋友介紹得到知名外商公司的面試機會。為了這份工作，她做足準備，面試結束後，面試官希望得到小花的臉書或部落格網址作為參考。小花心想，部落格已經很久沒更新，私人臉書上雖然曾有過抱怨公司瑣事的貼文，也都有把內容設為僅限部分朋友閱讀。略微思考後，小花答應對方要求，留下了部落格網址和臉書帳號資料。

殊不知，她的跳槽夢就這麼因為很久以前的一篇部落格文章而夢碎。

小花過去在前公司擔任業務助理時，曾和一位前輩學習業務技巧。這位前輩待人處事有些爭議，在業界頗具知名度，雖然是個業務高手，但因為有些年紀，對於新科技

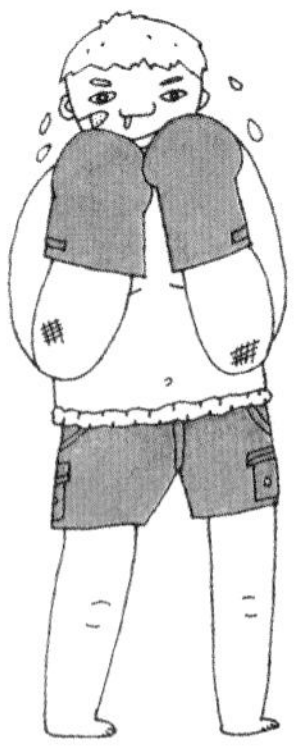

的應用始終有些障礙。我們這群朋友聽到小花的描述也瞠目結舌過。

令我印象最深刻的是，這個前輩有一次問她，該怎麼用電腦複製貼上文字內容。小花回答：「用滑鼠選擇想複製的文字，先按Ctrl + C，再按Ctrl + V，就可以了。」第二天，前輩當著全公司的面大發飆，直指小花不懂裝懂，害他被誤導。一頭霧水的小花當下按捺住情緒，私下詢問前輩操作的方式，才瞭解前輩原來是在家裡的電腦按下Ctrl + C，到了公司打開電腦後再按了Ctrl + V，試圖把在家裡複製的東西貼到公司電腦上。這樣的無妄之災，遭殃的卻是無辜的小花。

這件軼事，小花曾將它當作笑話寫在部落格上，文中語氣誇張了些，代入了幾個「我的天啊」、「居然這麼天兵」，還有一些比較情緒性的字眼。只不過，不是每個抱怨公司、上司的部落客都能像那位專畫職場諷刺漫畫的馬克，將抱怨的怒氣化成創作的動力，並有機會出書、接案，甚至演講。大部分人都和小花一樣，抱怨完後依舊還是那個朝九晚五，上班打卡制、下班責任制的上班族。

過了好多年，部落格逐漸式微，小花也很少更新文章了。可是凡走過必留下痕跡，每個人都將為他說過的話、寫過的文字負責。這篇前輩軼事讓小花的跳槽計畫功虧一簣。根據中間人的說法，公司拒絕的理由就是她曾經寫過的部落格，文章中有諸多對前公司老闆的抱怨，因此認為小花的人格特質不符合該企業文化。

這個案例可能會讓某些人疑惑：臺灣不是有言論自由嗎？做自己，說自己想說的，支持自己想支持的，到底有沒有錯？

二〇一四年的太陽花學運發生後，前行政院發言人、臺師大教授胡幼偉在臉書發文，說許多企業的中高階主管都表示，**今後在面試大學畢業的新鮮人時，會將「是否會參加學運」列入錄用考慮項目**，「他們絕對不會想晉用有反體制傾向的年輕人，因為企業主會害怕。」胡幼偉藉此警告這些學運青年，恐怕未來都有「就業危機」！

這番話引起了軒然大波，隨後有記者採訪一位不願具名的人資專家表示，部分企業在錄用新人時，的確會考慮政治或宗教立場，觀察新人是否有激進或過度狂熱傾向，因為「這種人多半很難跟同事相處，會把公司氣氛搞得很僵」，至於「反體制」與否

其實不是重點，有些主張創新的外商或科技公司，反而會很喜歡能打破體制、挑戰權威的人才。接著還有許多企業主跳出來反駁胡先生的言論。過了一陣子，這件事隨著太陽花學運落幕，也淡出了人們的視線。

可是，五月初三立人氣主播楊伊湄從學運期間抒發己見，被高層以「遇重大新聞事件無法精準陳述播報」為由短暫調離主播臺，隨後又因合約到期，是否續約或是跳槽到其他新聞臺而鬧得滿城風雨。媒體報導，楊主播面試壹電視後，因太具爭議而導致跳槽破局，該電視臺副總余朝偉也證實：「楊伊湄確實有來面試，表達她想加入壹電視的意願，但僅此一次，目前無任何她要來的訊息。」

小花看到這些新聞後，不由得將自身轉職不順的經歷與之連接在一起，她感嘆：做自己，要到什麼程度才對？究竟該迎合周遭的人，說一些漂亮的話讓別人好過，還是說出自己的心聲讓自己好過？

這些問題一再考驗每個人追求的價值觀，難道有些話真的只適合放在心裡嗎？難道

沉默真的是金嗎？出了社會，慢慢瞭解到雖然每個人都擁有言論自由，但也都必須承擔後續的代價。

小花最終沒有得到那份外商公司的工作。那次的轉職失敗讓她失望無力，畢竟一篇年少輕狂、半搞笑、自嘲嘲人的文章就決定了她的不適任的確令人沮喪，但未來那麼遠，遇到幾次挫折就消沉，該怎麼扛？她努力振作，試圖擺脫過去的陰影，繼續尋求轉職機會。塞翁失馬焉知非福，後來在一次轉職面試會談中，她分享了與這位業界前輩共事的經驗，當時的面試官也曾在那位前輩的手下待過，兩人心中對那位前輩的評價差不多，彼此心照不宣，也正是這一層默契讓小花順利轉職。

在生命旅程中，我們都該試著走自己堅持的路，而不是選一條好走的路。做自己的過程也許會付出慘痛代價，但結果可能最值得！更重要的是，不管是人生還是職場，都難免有讓人失意的事，重要的是將那些美好留在心底，遺憾就讓它散去，活在當下，邊走邊珍惜，才能走得更廣更遠。

路遙知馬力，人生從來不是只看一時的成敗。即便它永不完美，幸福難達滿分，可

是你的笑容毋須因為某些愚蠢的理由而消散。勇於揮別過去，才能開始一段新人生、新工作、新際遇。你會發現，未知的人生永遠比你想像的更美麗。

10 追夢前，先學會承擔

夢想不是逃避責任的理由。

社工系畢業後可以做什麼？前陣子認識了一位社工系畢業的女大生，她在尋找自己的目標和方向時，一度想從軍，最後繞了一圈，又回到自己的初衷——社工。從育幼院到新移民中心……她的目標逐漸清晰，決定邊工作邊準備社工師考試，她設定了三年的目標，希望在這階段可以勇敢執行。

可是進入了社工領域後，她發現現實並不如夢想中美麗。她原以為社工師只是單純的輔導個案，讓個案脫離現有的困境。但實際上，社工師有許多行政作業要做，平常甚至還要負責活動籌備，最重要的是，社工師的責任重大，稍一不慎，就可能左右個案的人生道路。

工作繁瑣、責任重大讓她萌生退意，想轉行到服務業。她認為服務業有以下優點：

簡單、重複性高、還可以排班、時間彈性，所擔負的責任又不如社工師重大，堪稱理想工作。

這讓我想到以前任職遊戲公司時認識的一位同事。他在遊戲產業的資歷約四、五年，遊戲產業原本是他夢寐以求的工作，但後來因為工時長、壓力大，轉行到速食店上班。一開始他抱持的想法是，速食店的排班有彈性又有趣，可以接觸到許多不同面向的人，他會有時間學習不同的語言，多陪陪家人。可是實際工作後才發現，待在速食店比以前更沒時間，排班時間不固定，時間規畫分配上更是考驗，常常需要提早上班、晚下班，更別說常常臨時被拜託去加班。

為什麼一旦興趣變成了工作，就沒有想像中快樂？

理由很簡單，因為你把「夢想」看作逃避壓力的避風港，於是當壓力突破夢想的屏障後，就發現即便是伊甸園也會有煩惱，當然感受不到快樂。

前陣子看了日劇《First Class》，劇中女主角是個初入職場的新鮮人，夢想進入時尚雜誌工作，但沒想到真的進入雜誌社實習後卻發現沒有想像中光鮮亮麗。

這讓我想起我的職場生活。我曾在一間人力銀行擔任執行長的特助，公司的薪資待遇和員工福利都不錯，這是擊敗了眾多求職者才得到的機會。

有一次，有位澳門賭場飯店的客戶希望可以從臺灣找五十個求職者到澳門賭場擔任公關，薪水優渥，一次簽約就是三年。這是我們部門經手的大客戶，主管特別交代在期限內必須找齊面試者參與飯店的訪談。

我遵照指示，花了五個工作天透過電話和電子郵件雙重確認了五十位求職者，沒想到面試當天實際報到的人只有三十來位，有十幾個人統統爽約。

當天面試結束後，那位女主管不悅的問：「你有每個人都透過電話和郵件確認嗎？」

「有，我五十個都雙重確認過了。」我說得有點忐忑，也完全不能理解為何那些人爽約沒有到場，雖然試著想致電過去再次詢問，對方卻「已讀不回」。

「你只確認了五十個人？」女主管氣急敗壞地問。

我內疚的點點頭。

「難道你不知道，如果原先設定的目標是五十位，那麼至少要跟一百人雙重確認才

可以嗎！難道你不知道人可以多，但絕不能少嗎？」

我這才知道，有些求職者就算我雙重確認過，他仍會爽約，我應該多找幾個人以備不時之需。

那位女主管要求我必須在第二天找齊所有面試者。為了彌補自己的疏失，我把原本應該是兩天份的工作在一個晚上完成，重複確認了三十位求職者的面試時間。

那天我快到晚上十點才完成所有工作，好不容易準備離開時，主管也正收拾東西準備回家。她對我說：「你是新人嘛，沒關係，每個人都會遇到失敗，剛開始的時候會有各種不習慣的事，繼續努力吧……」就在我感到動容時，她卻像日劇裡的主管那樣話鋒一轉：「如果你是期待我這麼說，那你就搞錯了。我告訴你，失敗的錯誤要自己扛起來，因為站在你身邊的只有自己。」

「怎麼可能？大家不都是一起工作的夥伴嗎？」我錯愕又委屈地回答。

「夥伴？你在找的不是夥伴，而是被人栽培的希望和失敗後被同情的指望！可是沒有這種事，因為工作領域裡只有努力成長的人才能存活下來，只有贏了的人才有資格

選擇，只有贏了的人才有擁有夢想的權利，贏不了的人只有離開。想辭職的話，請便！」她的語氣幾乎讓我窒息。

離開公司後，我搭上了一班幾乎沒有乘客的末班公車。司機開著收音機，廣播ＤＪ播著張雨生的代表作：〈我的未來不是夢〉。

我邊聽邊跟著小聲哼著旋律，可是進了副歌沒多久竟不由自主的哽咽——我搞砸了我的第一份工作，接下來該怎麼辦？我思考著自己下一步到底該怎麼做，剎那間萌生退意——畢竟逃避永遠是最簡單的辦法。

第二天，那些求職者還是有些人爽約，好在我多找了近一倍的人，勉強完成任務。

那天下班後，我向女主管提辭呈。她只告訴我一句話：「你要走，我不會留，但我告訴你，**發現問題、思考問題，都比不過解決問題來得重要。」**

我完全無法理解她的話，只認為自己再次認清了職場險惡，彷彿誤闖叢林的小白兔，實在無所適從。

事過境遷，如今我反而感謝那位主管的坦率。雖然當時無力招架她的直接，甚至感

到有些難堪，但也正因此讓我瞭解到工作的辛苦與壓力。

夢想往往不像我們看到的那麼光鮮亮麗，如果你願意追尋夢想，就更不該逃避隨之而來該承擔的責任。也許現在的力量弱小，不足以支持夢想和現實的差距，可是如果只是嘴巴講講不願去承擔壓力，那麼兩、三年過後，只會一事無成。

追夢就像一場很多人參與的鐵人三項，能夠堅持到終點的人寥寥無幾。這玩意兒只有出發時美麗，上路後都是挑戰，那些真正掌握夢想的人不會一遇到不如預期的挫折就跑掉，而是會學著適應自己不適應的東西，透過平常在做的事累積能量，增添自己的專業籌碼，待時機成熟時才能邁向成功。

11 犯錯，比什麼都不做來得好

方向總在摸索中逐漸清晰。

連續三個月，我的朋友張顥收入一一K，在生活費日益高漲的臺北根本無法生活。張顥身高一八八公分，體重七十八公斤，練得一身八塊肌，挺鼻薄唇丹鳳眼，不是典型的大眾帥哥，但絕對是個有味道的型男。

二十三歲的他是知名模特兒經紀公司簽約的小男模，從小到大很會讀書，大學念成大，由於擁有八塊腹肌，被朋友戲稱「成大好腹肌」，後來又去美國紐約的哥倫比亞大學進修，是模特兒中少見的高學歷。

「成大好腹肌」張顥由於對表演工作有興趣，到紐約進修時又專程到當地的表演工作坊學習幕前和幕後的技術。回臺灣後參加模特兒公司的選秀活動，進入前十強，但半年過去了，進展有限，人生似乎卡關了。

那天晚上，張顥在我家，算了算自己的收入，他好想放棄，本應是光鮮亮麗的模特兒生活，卻過得鬱鬱寡歡，就算接過幾次活動，拍過一支電視廣告，前途似乎還是一片茫茫。

其實以他的學歷，若選擇傳統的上班族生活絕不是問題，但他偏偏就選了那條最難走的模特兒之路。前幾天，他為了幫電影宣傳，同時慶祝粉絲團突破千人按讚，他打赤膊露出一身精壯結實的八塊肌，並寫下一段感性的文字。可是卻有人留言：「立金變態」（你真變態），接著又被其他評論酸道：「這跟電影有啥關係，沒名氣還多作怪。」

這些評論看似很眼熟，曾經也有網友留言給我說：「無病呻吟，寫得不怎樣，等寫好一點再發表吧！」

對方沒有什麼惡意，但我還是認真回了一句：「謝謝指教，但實力是需要練習的，是一點一滴累積出來的，閉門造車只會成長得更慢。」

那則回應得到許多人按讚，因為無論實力也好，名氣也罷，都是從無到有的累積，

那過程也不是慢慢等出來的，是從一點一滴的小事開始做起，經歷一段漫長重複又枯燥的練習才有可能堆積得出來。

沒有人可以直接一步登天，而努力的過程往往會被旁觀者忽略。

張顥曾羨慕的對我說：「為什麼你的粉絲團有六十八萬人按讚，而我的卻只有一千多人。」

我確實沒有高大挺拔的身材，更沒有八塊腹肌。但早在十多年前，我就開始規定自己每週寫兩篇部落格，到後來開始經營粉絲團後也曾創下每日更新三篇，連續兩年未間斷的記錄。

粉絲團的人數累積，是我第一次感覺到沉澱的魅力，畢竟在剛開始分享時，我從來沒想過會得到什麼，也曾一個讀者都沒有，試過天天發文無人看，所以當後來三年累積了六十八萬個讚，在別人眼裡看似輕而易舉的得到，對我來說，卻是從十五歲那年每週寫兩篇部落格，到後來每日更新三篇，連續兩年未間斷所累積的結果。

這些話對正在模特兒起步階段的張顥來說太過遙遠，有時候反而讓他陷入一種迷惘

的糾結，對未來找不到肯定和方向。他曾問我：「是否應該寧缺毋濫，先想好自己適合做什麼再嘗試，不要懵懂無知的時候就跌跌撞撞。我好像不適合做模特兒，乾脆不要做了。」

我笑了笑沒反駁，只問了一句：「為什麼？」

他沉吟了一陣子，蹦出一句：「因為做不好，乾脆不要做了。」

但我反而認為，**不要因爲害怕自己會犯錯，就選擇什麼都不做**。誰又天生知道自己適合做什麼？就好像我雖然早早確立了寫作為志願，但實際尋覓的時間長達十八年。從十歲開始，我就在摸索自己能寫什麼，但我不知道能寫什麼，或者該寫小說還是散文，根本沒有概念；但我知道，不可能等到白髮蒼蒼，馬齒徒長後再執行。

沒有幾個人一開始做事就能做到天才的水準，每個人都是從失敗中學習成長。**人生永遠不可能等到做好萬全準備再出發，而且路上總會有出乎意料的突發事件**。絕大多數的人不一定知道自己適合做什麼，所以當你有了六分把握後，就開始行動吧！**唯有願意嘗試，才能讓未來擁有無限可能**。

那天，我問嚷嚷著放棄的張顥：「一開始為什麼想當模特兒？」

「其實也沒有為什麼，就腦海中有一個模糊的概念，好像我挺喜歡表演這件事，而且身高夠，身材也不錯，幾次在臺上表演，當臺下有回應時，都會感到激動。但下臺後又會開始疑惑，如果要做，該往哪個方向。」張顥說。

「那是什麼讓你到現在都還不放棄？」我又問。

「這一路上遇到很多貴人，每次想放棄時總是很幸運的獲得另一個機會。可是那些機會，反倒讓我認識到自己更多的不足……我似乎做不到他們的期許。」

「那你覺得為什麼那些貴人們願意給你機會？他們看中你的什麼特質？」

張顥搖著頭說：「我不知道，雖然他們的要求，我願意嘗試，但很懊惱無法一次到位。」

「你確實有一些基本條件，但那些願意給你機會的人，不見得是看上你的身高外貌，因為在你尚未成名前，這些條件的可取代性都太高。願意給你機會的貴人，也許是在你身上看到一股別人沒有的拚勁和態度。」

張顥聽完，靜默了好一陣子。他知道自己不是大眾型帥哥，但也正因為這樣，他對每一次的機會都格外珍惜。也許是高度的自我要求讓他忘記了，**方向總在摸索中逐漸清晰，實力則因爲重複磨練而成長。**

人生從不完美。它更需要的是規畫、執行和完成。面對一件事的成敗，毋須把它和你的價值畫上等號。**「你做的事情失敗了」不代表「你這個人失敗了」**，失敗只是成長的必經之路，是提升自我的契機。

最後，我與他分享我在網路上看到的一句話：在經濟許可的狀況下，**如果想追尋世界上最好的東西，就必須讓世界先看到最好的你。**不要過分輕視自己，即便還沒沒無聞，實力尚未發揮，但每個人都是從無到有的。

現在我們該做的，不是拿著弱勢跟別人的優點相比，那只會讓心情更加鬱悶。而且即便做了之後又發現這條路不適合，那也根本不是損失。因為釐清失敗的意義，比成功更難能可貴！

CHAPTER

3

謝謝那些批評你的人

- 如果你不先相信自己，別人又怎麼把信任託付給你。
- 慢慢才知道，那些願意陪著你到最後的，才是最重要的人。
- 真正的朋友就算沒有能力為你指引明路，也會願意陪你度過黑暗。
- 這世界值得你為他哭的人，永遠不會讓你哭。
- 有時候，體貼就像內傷，只有你最清楚箇中滋味。

01 友情像一棵樹，只在乎根有多深

朋友就是那些一起笑、一起哭、一起受傷成長的人。

二〇一三年有段日子我過得特別苦悶，起因是我出了第二本書後，在網路上被許多不認識我的人，甚至根本沒看過我作品的人說我消費《海賊王》，寫些不知所云的東西。雖然在第一本書出版時，就已經被幾個不認識的網友攻擊過，但那次不一樣。我被那些質疑的聲浪壓垮了，決定關閉經營兩年來，已經六十七萬人按讚的粉絲團。

原本，我以為一切的紛擾會隨著粉絲團的關閉而風平浪靜，可以就此打住，回到我原本平靜無波的生活。沒想到關閉粉絲團的舉動反而讓我登上了網路、平面、電視新聞版面。風波變得更大，更無法控制。那實在是一場震撼教育。

我茫然了，事情似乎已經到了無法控制的局面。在不清楚未來會怎樣的狀態下，我不想再讓周遭的人擔心，逃避的決定不接電話、不上線、不出門，一個人面對。

可是人很矛盾。白天渴望平靜的我，等到夜晚真要一個人面對寂靜的世界時，心底又冒出了陣陣恐慌。感性上，我好想找個人傾訴，把自己的委屈一古腦的宣洩，可是理智的那一面又明白，就算講了也於事無補，只是徒增彼此的煩惱罷了。

那天晚上手機響時，已經快深夜十二點了，我拿起放在床頭的手機，螢幕上有十幾通未接來電，都是熟悉的名字，也全是我刻意不接的號碼，因為我無力對關心我的人口是心非的說「我很好」、「我沒事」。

但這次的來電顯示不是我熟悉的號碼。這麼晚會是誰打來的？如果是詐騙集團，那就真的倒楣到極點！

我睡眼惺忪，按下了通話鍵：「喂？」

「你在哪裡？」

「請問您那位？」才剛醒過來，我根本聽不出來那是誰的聲音。

「我那位？我是艾莉！我剛用手機打電話給你，為什麼沒接啊？」

「我我我剛剛在洗手間啦！」我編了個理由。

「原來如此，你還好吧？沒什麼事吧？」

「很好啊！」

「你這幾天為什麼都沒上線？」

艾莉是和我特別好的朋友之一，從高中認識到現在，雖然如今生活的地區不一樣，但拜發達的科技所賜，當我們其中一位有心事時，還是會透過網路或手機通訊軟體彼此安慰，給些開導。

但我已經連續好幾天都沒上線了，她有些疑惑。

「我這幾天比較忙，回到家就休息了，沒時間上線。」這話只有一半是事實。「大家呢？還好嗎？」我靠著床頭，看著落地窗外，遠處的臺北一〇一大樓還點著燈。

「嗯，老樣子。」

聽起來，她應該沒察覺任何異狀，我鬆了一口氣，想起她明天在臺中還要上班，連忙搶著說：「很晚了，妳明天還要上班，早點休息吧！」

「這幾天沒看到你上線，多聊幾句沒關係。」

「我想去睡了。」我撒著謊，不想把實情告訴她。

掛斷電話後，我根本睡不著，慶幸自己忍住了情緒，對她隱瞞下來。畢竟說了又怎樣？如果不能改善情況，又何必讓她擔心。

在我決定關閉粉絲團時，已經不只一次告訴自己要堅強，要挺過去，要好好沉澱一陣子，靜心思考接下來的路。可是在粉絲專頁正式關閉的那一刻，心情絲毫沒有想像中的平靜。

那時候的我，彷徨無助，曾想過打電話給朋友，聽聽他們的聲音，索取一點安慰，可是我太明白他們的個性，知道他們會比我還心急如焚，但又卡著自己的工作也無能為力。所以我告訴自己，如果不想讓別人擔心，就不用多說什麼。不管怎樣，時間會平息一切的痛。我會咬牙撐過，獨自面對。

查了行事曆，再過兩天就是先前排定的演講了，只是這狀況，到時還是會帶來許多不便，只有見機行事了。事情正在風頭上，我常常失眠，躺在床上翻來覆去，就是沒辦法合眼。決定換個環境，踏出家門到附近的便利商店買東西。

我是這家店的常客，店長看到我深夜來買東西，不禁問道：「你還好吧？」

「很好啊。」我強撐起笑容說。

「這幾天我有看到電視，那些媒體和網友，你別理他們。」店長關心地說。

「沒事，沒事，我真的很好啦！」我揚起音量，做了一個握拳的手勢，幫自己注入一點元氣。

「沒事就好，工作也還順利吧？」店長說。

「真的沒事，」我保持微笑說：「過幾天還要去新竹演講呢！」然後選了幾樣零食和三明治，結帳後把零食放進購物袋，走到便利商店附設的椅子坐了下來，拿出剛才買的三明治吃了起來。

平常的我都是買回家自行用餐的，這次臨時起意在便利商店解決，而且還吃得慢條斯理，一點也不像平常的自己。我想我是不願一個人面對空蕩蕩的房間吧！

用完餐點還是毫無睡意，趁著天還沒亮，我決定到附近的運動場走幾圈，發洩那些負面的情緒。老公公和老婆婆們在場邊運動，三三兩兩的聚在一起談天說地，臉上都

掛著笑容，雖然年紀大，卻都洋溢著一股對世界的熱情和生命力。反觀我的世界已經崩塌了，就連看到他們的笑容都覺得刺眼，我受不了那種氛圍，於是一個人慢慢走路回家。

還沒到家門口，我看到一個熟悉的人影，走進一看，是住在附近的表弟。表弟看到我詫異地喊：「你怎麼那麼早就出門了？」

「沒什麼，就睡不太著覺。」我故作灑脫的說。「你呢？你來做什麼？」

緣分很奇妙，住在附近的表弟以前在臺灣的生活跟我從無交集，也不認識對方，等我們都到了國外之後才慢慢熟稔，那時候，大概因為彼此有著差不多的背景，我們無話不談。可是自從回到臺灣後，我們有了各自的工作，他的還是一份朝九晚五的工作，因此很少有機會一大早就跑到我家。

「是艾莉讓我過來看看的，」表弟說：「她很擔心你。我們都很擔心你。可是你最近又聯絡不上，所以就過來。」

「艾莉？」我以為我掩飾得很好，沒想到還是被多年老友察覺出不對勁。我不希望

他們擔心，還是拿出那一句老話：「這根本沒什麼。你不要跑去跟艾莉他們亂說，我真的沒事。有人告訴我是新聞炒作，過一陣子就好了。」

「這樣好嗎？」

「對，這已經是最好的解決辦法了。我OK的，過了就好了。真的不用擔心啦！」我再三保證。

袞弟趕著去上班，他離開之前終於還是答應了我的要求，說會幫我轉達給艾莉和其他朋友：「我很好」，也不會拿我的事去打擾艾莉和其他朋友的平靜生活。

他離開後我鬆了一口氣，回到家打開電腦，看著行事曆，考慮了很久，終於還是決定打通電話給演講的主辦單位。

這幾天因為自己的情緒受到很大的影響，實在沒辦法在公開場合說話，也怕講著講著情緒突然失控，我不想自己的失常表現影響到對方的活動。好在，對方十分諒解我的處境，決定暫緩演講的行程，要我好好休息。

通話完畢後，我打開手機通訊軟體，雖然已經很久沒上線，可是上頭記錄著朋友們滿滿的關心。

「還好嗎？」

「人到哪裡去了？」

「在嗎？」

「是不是很忙啊？」

「怎麼都不回？」

他們在詢問我的消息，想關心我的近況。我看著每一個訊息和字眼，就好像他們在我耳邊說話。我傳了幾張開心的表情符號過去，代表自己真的沒事。雖然實在沒有開心的感覺，但我不想在這個時候前功盡棄，這就是所謂的「成長的代價」吧！我再次告訴自己要成熟，要長大，自己能行，只要熬過去就好。但那天，我仍然無法入眠，於是我吞下了人生第一顆安眠藥。

過了幾天，當我以為一切都過去了，即使在公開場合演講也開始能侃侃而談時，門

外的電鈴急促響起，我趕忙打開門，大吃一驚。我沒想過會是這班老友，裘弟、琳琳、邁恩……還有遠從臺中上來的艾莉！

「你們怎麼來了？」

「怎樣？不歡迎嗎？」他們滿臉笑容。

「我沒想過你們會來。」

「如果我們不來，你會老實告訴我們你過得很不好嗎！」

說話的是艾莉，她的語氣帶著一點責備。

看來開心的表情符號沒有說服朋友們，裘弟也沒聽我的話，反倒把事情全說了。

「我……我只是不想讓你們擔心，再說這又不是什麼光彩的事情……」我說得有些哽咽，並非因為他們的責難，而是因為感動。

「不說才擔心，以前我們是什麼都說的，現在不講根本不像你，這就代表你一定發生很不開心的事情又怕讓我們擔心。沒關係，你不來找我們，我們來找你。說吧！今天全都給你講。講完心情會好很多的！」

我看著朋友們，沒有隔著手機螢幕，不能用表情符號，我再也無法掩飾自己的情緒。開門讓他們進來，把自己所遭遇的一切和盤托出。

我的情緒得到了宣洩。

即使如今科技進步，能夠透過各種方式看到對方的消息，但朋友還是朋友，是那些一起笑，一起哭，一起受傷，一起成長的幾個人。當他們在身邊時，用不著說話就能勝過千言萬語。

現在回想，我對友情有了更深的體悟。**友情就像一棵樹，毋須去在乎能長得多高，更重要的是根有多深。**這個世界不可能每一個人都喜歡你，所以**我們都應該記住有多少人在背後支持，而不是有多少人在前面阻擋。**善意的隱瞞也許能夠解決一時的問題，但那些真正的朋友就算沒有能力為你指引明路，也會願意陪你度過黑暗，並且毫不躲藏。而那些願意陪著你到最後的，才是最重要的人。

02 謝謝鼓勵與打擊你的人

誰的人生不是充滿遺憾，
關鍵在於怎麼去面對。

不少人對國外大學的第一印象就是自由與開放的學風，再加上好萊塢電影的推波助瀾，啤酒和派對似乎也成了國外大學生活的代名詞，彷彿唯有如此，大學四年的青春歲月才不會白白虛度。

回想我在紐西蘭度過的大學生涯，已經有一段不算短的時間了，至今仍然記憶猶新。在我就讀的大學中，學校為了滿足學生們的學習興趣和專長，在課程選擇上給予學生很大的自由。我們上課時不需要點名，更不用搶著選課，但這不代表他們對學生採取放任的態度；相反的，在國外讀書的日子，一點都不好混。

每堂課都有大量的課前閱讀、課堂討論、課後作業，而且學校為了督促學生認真看待每個學習環節，確保教學效果，不僅有期中考、期末考，隨堂測驗也不少，每個小測驗的成績都會統計在期末總成績中。所以，每次到了發隨堂考卷時，往往可以看到學生一擁而上的畫面。他們爭先恐後地取回自己的作業，仔細查看得分，若不滿意自己的成績，還可以「上訴」，請助教重新閱卷，但這項課後服務不保障你一定會拿到比較高的分數，而且還需要另付閱卷費。

類似這樣的課程，一個學期大概要選修三至四門課，雖然說一堂課可以容納的學生約三百人，不會發生搶修不到課的情況，但可是會出現搶「人」的現象。

因為每一學期的主修課程分別會有兩位教授在不同的時段開班，一班大約會有兩百到三百人，由於不同教授有不同的教學風格，所以選擇適合自己的教授就是一門很重要的學問。

有一位經常邊上課邊隨機提問的教授，他上課最喜歡做的事情，就是把學生的答案複述一次，讓全班同學一起來評評理。雖然聽別人被品頭論足還滿有趣的，但有一次，被評論的對象換成了我，我才知道那有多麼不好受。

大二時，這位教授把全部的學生分成四到五人的小組，每個小組必須提出創業概念，通過全班審核後，寫成一份正式的商業計畫書，向模擬銀行申請創業貸款。期末時還會舉辦成果發表會，由專業評審和大眾評審做不記名投票，分數最高的小組可以獨得臺幣約十萬元的高額獎學金。

那次我和來自印度、韓國、日本的三名同學組成一隊，我提議推出「簡訊代發」服務，讓那些想告白、想分手卻又不好意思說出口的人，有一個「傳情」的管道。

當時網路通訊軟體並不普及，手機簡訊是一個重要的溝通管道。早在亞洲的某些地區就已發展了一套「代客傳訊」的服務，尤其是人口眾多的中國大陸，用簡訊「傳情」並不是一件稀奇的事。於是小組成員們一致通過，還把正式提案的壓軸「簡報時間」留給了我。只不過——

「你們還真沒有誠意。」這是教授聽完簡報的第一句話。

聽完我就慌了，心想：「該不會東窗事發了吧？」被這個老外教授知道我直接引用中國大陸電信公司的服務。但還沒來得及解釋，教授又說：「告白、道歉還要別人幫你說，這樣怎麼可能會成功？」

當下，我鬆了一口氣。於是，我整理了一下混亂的思緒，把「簡訊代發」與「傳情」這件事，結合中國五千年的含蓄文化闡述了一遍。

教授很妙，他直接請現場三百多位同學投票，題目是：「你會用簡訊代發系統來告白嗎？」

結果，現場居然沒有一個人舉手，包括我們小組的隊員們，還有他們布下的暗樁，沒有一個人願意挺身而出。

人生也不過如此，默默安慰你的人很多，願意站出來爲你說句話的人太少。

接下來的一分鐘，可說是我人生中有史以來最囧的一刻。

那位教授自以為幽默地重複剛才的評語：「就跟你們說，簡訊代發傳情這件事太沒誠意、沒市場了吧！」

說完，他哈哈大笑，笑聲感染了全班，所有人也跟著哄堂大笑。

只見同組的韓國同學立刻見風轉舵，向現場群眾認錯；印度同學也再三掛保證，下次上課時會提出替代方案；而日本同學則是一邊點頭傻笑、一邊暗示我「識時務者為

俊傑」……這時候，我才明白大勢已去，而且還丟臉丟大了。

此時，站在臺上的我有一種受到羞辱的感覺，恨不得立刻買張機票回臺灣，再也不要看到這群人。

但是，我沒有這樣做。**誰的人生不是充滿了遺憾，關鍵在於你怎麼面對它。**這所學校是我好不容易轉學考進來的第一志願，怎麼可能說走就走。倔強的我不想跟分數過不去，更不願意做夢想的逃兵。所以我們小組又提了一個新的「創業計畫」，提議販賣顧客可自行選擇內餡和醬料的印度捲餅，就像潛艇堡一樣。

這個提案一樣被教授奚落，他的評語是了無新意，但勝在具有市場獨特性，而且競爭對手少，進入門檻低，提案最終以五票之差，低空掠過。而期末發表會時，我們也靠著「試吃」的小手段，拿到了中上的成績。

值得一提的是，畢業後，我的印度同學還真的落實當年的商業計畫書，向銀行順利申請到貸款，開始做起小本生意，自己創業當老闆。

有一次我們在臉書上敘舊，他感慨地說：「我從來沒想到，那堂課會成就了我現在

的人生。」

我在電腦這端愣了一會，忍不住笑了。

在人生中，我們都會遇見鼓勵和打擊自己的人，但等到事過境遷後，你會發現：**因為有了這些人，你才學會了成長和感恩。**

越熟悉的朋友，
越該用心經營，
別把方便當隨便。

03 陪你走到老

有一種愛情，叫做白頭到老；
有一種幸福，叫做相偎相依。

媽媽身體不好，最近老是氣喘，咳嗽咳得厲害。連持續好多年的有氧舞蹈運動都去不了。爸爸人在大陸，弟弟當兵，我又不住在家裡，她成天感慨自己實在老了。

其實，媽媽的身體狀況，我們全家都很擔心，跟她從年輕走到現在的爸爸更是連帶被低迷的情緒感染。

為了讓媽媽早日痊癒，爸爸放下手邊的工作，從大陸飛回臺灣，特地開車跟我一起陪著媽媽到臨近的醫院做全身檢查。

「這情形多久了？」醫生把媽媽肺部的X光片放入燈箱。

「好多年了。」媽媽無奈的說，「只是這幾年更嚴重了。」

醫生拿起雷射筆，圈起X光片中的一個小白點，似乎在思考該如何委婉的說……

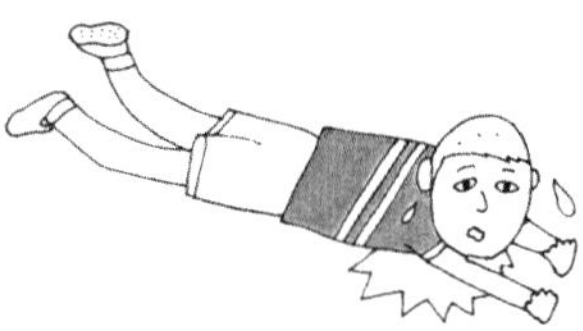

過了好一陣子，醫生才娓娓說道：「肺部有個白點，有可能是癌症的前兆。現在還不能做出詳細的判斷，最好再做更深度的檢測，才能得知身體的狀況……」

「要多久才能知道？」我詳細的追問。

「大概要再過兩週，待會還要驗痰、抽血，不然目前真的無法判斷。」

媽媽聽了醫生的話，一直默不吭聲。坐在她身旁的爸爸著急站起身，希望醫生立刻安排下一步的深度檢測。

我們的心情很沉重。前幾年爺爺和家族友人都是因癌症辭世，病發後短短半年左右就走了，那種滋味猶在眼前，現在有可能輪到我們面對，實在都不好受。

陪著媽媽做完身體檢查後，爸爸沉吟了好久才問道：「醫生，報告最快什麼時候能出來？」

「最快需要一週，所以要下禮拜才能拿到。」醫生說完，又叮嚀了一些注意事項，為了媽媽好，我們聽得仔細，不敢掉以輕心。

回家的車上，媽媽接到軍中弟弟的來電，說著說著眼眶就紅了。我坐在後座，用手

機查詢相關資料。原來「肺部有白點」有許多解讀，有可能是黴菌，也有可能是肺結核，最後一種可能是肺癌。

我把查詢結果告訴媽媽，試圖舒緩她的緊張。只見她閉眼點頭，卻不見笑容。

回家後，媽媽寫了一段文字貼在臉書——

「以前常覺得現在的日子很好很幸福，老公雖然是個工作狂，但也還算體貼，兩個兒子也長大了不用操心。可是心裡總有一股莫名的感覺：這樣的日子能夠多久？原來，老天會嫉妒，會把這樣的日子給收回去……」

看到這段文字，我想安慰她卻又不知道如何開口，只好假裝沒看到，也不想按讚，我心知不管做什麼效果都不大，那陣子除了多多關心也沒有其他辦法，畢竟，沒住在同一屋簷下，實在無法面面俱到。

那天開始，爸爸請了長假，暫停大陸的工作，留在家裡照顧媽媽。

一週後，媽媽打電話給我，說爸爸病倒了，要我陪她一起去拿檢驗報告。

本來說好是三人一起出發，可是爸爸居然病倒，我訝異不已。「上週不是還好好

的？怎麼會重感冒？」聽家庭醫生說，爸爸是疲勞過度才導致病毒感染，發高燒又重感冒。這對身體一向健康的爸爸來說，倒是難以想像的事。

後來在車上，媽媽告訴我，爸爸這陣子比媽媽自己還擔心她的身體狀況，工作、生活蠟燭兩頭燒，作息不正常。雖然請了長假，卻仍然在臺灣遙控大陸的員工，而且他不願讓媽媽太過擔心自己的病情，於是每天上網看是否能尋找其他醫生做二次檢驗，還查找醫學資料，一週不到就整理了厚厚一疊，裝訂成冊。

後來他陪著媽媽到另一家醫院做身體檢查，大概是過度疲勞，醫院細菌多，回家沒多久就發高燒又重感冒。

「好好的日子不過，幹嘛一天到晚陪我跑醫院！」

爸爸躺在床上，抬頭望向牆上兩人當年的結婚照，再看著媽媽，只說了一句：「妳一定要好好的，妳打點家中大小事，陪著我背井離鄉從宜蘭到臺北，又從臺北到大陸，辛苦了大半輩子，接下來還有好多事情沒有做，好多地方沒有一起去。妳一定要好好的。」

在媽媽的堅持下，爸爸只好在家休息，由我陪同前往醫院。不知怎的，原本笑談此事的媽媽突然哽咽，但嘴角卻依然上揚。結褵逾三十年的兩人，依然保有彼此關愛的兩顆心。我徹底懂了，**那份叫做白頭偕老的愛情，還有那種相偎相依的幸福。**

後來途中爸爸又打了好多通電話，希望可以儘快得知檢驗結果，並用濃濃的鼻音說：「好好安慰你媽，那不見得是癌症，就算是癌症也要告訴她沒事的。」

最終報告出爐後，醫生帶來了好消息：是良性缺陷瘤，不用動手術，只需要定期追蹤兩年，觀察是否有變大的跡象，也不會影響媽媽的呼吸、肺活量及生活品質。

我開心的打電話向家人報喜，爸爸先是緊張得說不出話，一聽到好消息總算鬆了口氣，但他說著說著竟哽咽得說不出話來。

印象中，除了爺爺去世，我從沒看過爸爸情緒失控。可是就在同一天，我的父母分別為了彼此流淚。我十分篤定，原來**那些讓你流淚的，都是你最在意的人；那個懂你為何流淚的，多半是最愛你的人；那個替你拭淚的，就是那個最後和你相守的人。**而那份飽含關心的眼淚，只有彼此最懂。

04 忠於你的選擇

別太在意那些讓你哭的念頭，多看看那些爲你拭淚的援手。

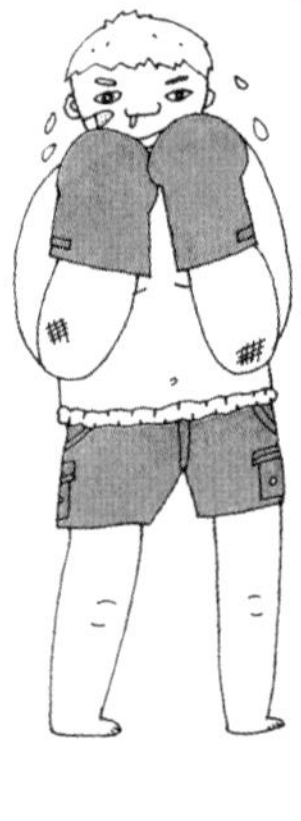

「海賊王爭議事件」發生後，有段時間我不再相信世界的美好，變得消極，容易傷感。那陣子我幾乎婉拒了各方邀約，心中始終對那些負面評價耿耿於懷，有人告訴我：「你的書現在已經變成廢紙了。」這句話宛如致命一擊，更讓我經常陷入一種莫名悲傷的情緒，無法故作灑脫地擺出一副陽光堅強的模樣。

事隔半個月，我撰稿寫專欄的雜誌社寄來了一封演講邀約信，雜誌社的編輯小慧告訴我，對方是一位中部大學的學生幹部，正為就讀系所安排下半年度的演講事宜。

這位女大生在信中提到，她是個非常容易感到緊張的人，無論考試、打工，只要面對壓力就很容易起蕁麻疹。可是有一次讀了我的文字後，得以釋放內心壓力，原本緊張發作的蕁麻疹竟慢慢退了！她很希望我能到校分享這陣子的心路歷程。

那場演講大約會有三百人出席，但我遲遲沒有回應，因為我變得多疑，不知道是否該相信她的話，甚至想過那些來聽我演講的人，真正目的到底為何？究竟有多少是來聽我說話的，還是只想印證我是否跟網路ＢＢＳ、媒體上的評價一樣？低潮中的自己無法完整表達自我的感受，害怕自己的話被曲解，說不清楚那些人生道理。最終決定透過電話請小慧婉拒那位女大生的邀約。

電話那一頭的小慧尊重我的決定，但請我隔天到雜誌社「談談」。

赴約前夕，我十分清醒，突然覺得自己看清了很多事。既然書已成廢紙，我的文字更沒有意義了吧！我想小慧有可能是要談解除合作的事情。那天夜裡，父母語重心長地對我說：「最壞的消息莫過於雜誌專欄暫緩合作，但人情冷暖，誰也怨不得誰。要怪就怪你自己做得不夠好，把悲憤化為力量吧！」

那個睡不好的夜晚，我半夢半醒，思考著如果專欄真被雜誌社喊停應該怎麼笑，怎麼維持風度才不會太失態。我不斷想著「人情冷暖，誰也怨不得誰」這句話的意義。這不是我第一次受挫，但每一次受挫，我都希望能夠得到別人的幫助，可是**人只有在**

精神上自給自足，才能獲得真正的救贖，我應該更堅強才不會持續受到傷害。

下午兩點半，當時臺北寒流來襲，陰雨綿綿，手裡雖然拿著傘，可難免仍會有雨絲掃過我的臉。我準時抵達雜誌社現場，上電梯前用衣袖擦了擦臉頰，順便擦掉那些胡思亂想，擺出精神奕奕的笑容。

一出電梯就遇到向來打扮時尚有型的督導，我見過他幾次，印象中他不是穿著卡其色的名牌長版大衣，就是西裝筆挺滿面笑容。那天他穿著那件熟悉的卡其色長版大衣對我上下打量了一番，然後露出了然於心的笑容蹦出一句話：「昨天玩瘋了沒睡好？」

我順著他的話笑著點頭，殊不知不是玩瘋了，而是擔心接下來與雜誌的合作關係。

寒暄過後我找到小慧，她開口就是一句：「對不起。」

這下子換我露出了然於心的笑容對小慧說：「沒關係，這也不是妳的錯。」

「你不介意就好，不過真的不好意思。」沒想到她笑著拿出一疊我的書，大概有二十本左右，再遞給我一支筆，「本來是想請你簽新書的，但我常去的書店老闆說都賣

光了，所以要麻煩你來這裡幫我簽名，我都準備好了，這些是要署名的人……」

簽完名後，我懷著忐忑不安的心情半打趣半試探的問：「你們公司怎麼會買我的書？現在有人說它是廢紙了。」

小慧說，書是她自掏腰包買的，今天主要是想瞭解我的近況。她想瞭解我拒絕演講的真正原因，並且告訴我：**「如果準備好，就應該忠於自己選擇的路，並且把它走好。」**

她的舉動讓我很感動，原來人總是在尋找那個貼心的夥伴，卻忘了那些夥伴其實一直陪在身邊。我開始思考，自己真的還要浪費時間在那些風涼話上頭嗎？有些人，不值得掏心掏肺；有些事，不需要銘記於心。那些風涼話難免影響一時的情緒，但千萬不能被它澆熄一輩子的熱忱。

被否定的感覺很差，可是人活著難免會遇到不合理的、無法理解的以及力所不能及的挫折，那也正是接受考驗的時候。是該怨天尤人止步不前，還是破繭成蝶，取決於每個人的決定。

經過思考，我最終還是選擇出席那場演講，主動面對群眾。

演講那天，我出場時看著臺下三百多位大學生，心情十分忐忑不安。那是我第一次沒有戴著喬巴的帽子面對群眾。失去喬巴帽的我感覺少了一個依靠，彷彿我不再是「冒牌生」，而是赤裸裸的在眾人面前分享自己的感覺。

那場演講，我幾乎毫無保留的分享了堅持十年的寫作路，也談了粉絲團關閉，還有面對負面新聞攻擊的心情，講到原本談定的書被解約時更是哽咽，聲音越來越小，一度說不下去。

不過，這一切都沒有演講結束後那個小插曲來得令我印象深刻。

演講落幕後，學校安排了團體大合照，那位邀請我前往的女同學就站在我的旁邊，她對我說了一句：「我永遠支持你！」

可是，或許是那陣子傷得太重，變得不太信任人，我幾乎是條件反射地回應：「這世界沒有什麼永遠，所以不要對我說什麼永遠支持我。那太不切實際。」

說完場面就僵掉了，但當時的我毫不在意，畢竟世上何來永遠？在粉絲團人數逐漸攀升的過程中，我聽過太多人說過「永遠支持我」，可是卻在最後選擇相信了網路鄉民，反過頭來批評我「迷失」。

我至今仍然難忘那位女大生受傷的表情，可是話一出口就收不回來了。被傷害的我此刻竟也傷害了別人。她似乎被我脫口而出的話嚇到了，久久無法言語，就連團體大合照時也笑得勉強。

又過了一個月，生活逐步恢復正軌，雜誌社編輯小慧又告訴我，那所學校所屬的另一個系所將再辦一場演講，在那位女大生推薦下，我再度獲邀。

這消息讓我無法置信，她居然推薦我？一個被我傷害過的人，居然推薦了我？

第二次見面時，我感謝她的推薦，她沒說什麼。可是在演講結束後，她私下對我說：「我是真的支持你，但能做的不多，希望透過這幾次的演講，讓更多人瞭解你的理念，加油。」

這句話讓我好慚愧，也讓我開始反省自己的舉動。

是否我們在回憶過去時，總是有盲點，只會記得胸口永遠的痛，卻忘了過往的花開？是否我們過著過著就忘了平淡的快樂是值得珍惜的，忘了生活愜意、父母健在、衣食無虞也是值得珍惜的？

生命是個不斷失去和擁有的過程，也許有些人的確在你的生活中來來去去，但那些願意為你停留的時間，已經足夠。

在生命的過程中，我們是否曾經把關心你、愛你的人越推越遠？成為造成他人不快樂的劊子手？嘴巴常喊著「珍惜」的我們，究竟是否懂得珍惜的真正含義？

「珍惜」不是要你回憶過往有多麼痛苦，也不是要你一味追求尚未擁有的東西，因為越追求只會失去越多，**真正的珍惜，是懂得如今擁有的可貴**。

摸索幸福真諦的過程中，不要讓「失去」教會你珍惜的真正意義，也**別太在意那些讓你哭的念頭，多看看那些為你拭淚的援手**。難免會有人打亂你的腳步，可是你該做的不是傷害那些關心你、愛你的人，應該靜下心來好好的一步一步往前走。

因為那些好的壞的，開心的傷心的，出乎意料的難以掌握的，都是人生無可取代的寶藏。

05 人生沒有滿分，只有進步的空間

別敗給自己想像出來的恐懼。

「你是否曾有對人生充滿無力感，彷彿一切都是灰色，希望為自己加油打氣卻對未來感到無能為力的經驗？」

我有。而且後來我才知道，原來很多人都有。我曾經收到一封遠從香港寄來的讀者來信。他是一位快十七歲的男生，夢想成為插畫家。

童年時，他覺得世界是灰色的，一度萌生自殺的念頭，他遇到了關於愛情、夢想和學業等煩惱。尤其自我要求很高的他，希望能加倍努力成長，卻又覺得進步得太慢，很多事情無法達標。學業也面臨一樣的問題，老把壓力壓在自己身上。成績雖然中上，但很怕考不上大學，或出社會後找不到好工作。

原來，很多人跟我一樣有相同的困擾。人生彷彿是灰色的，就算試圖振作，卻又對未來的不可預知感到沮喪。

八歲那年，我總覺得被人忽略，說什麼做什麼都得不到重視，心灰意冷下甚至想過乾脆消失好了，可是又不知道該怎麼表達，於是我把洗臉盆放滿了冷水，對身旁三歲的弟弟說：「我要死了。你不要救我！」然後就把頭泡在水裡，體驗窒息的感覺，彷彿過了一輩子我都沒抬頭，直到受不了才把頭抬出水面呼吸。

弟弟被我的舉動嚇得半死，緊抓著我的手，哭著求我別做傻事！年幼氣盛的我，高傲地嘆了一口氣，只好「無奈地」繼續活下去。

後來又陸陸續續做了幾次傻事，已經長大一點的弟弟早已習以為常，已經會不帶情緒的對我說：「神經病。」

童年的幼稚舉動，如今已成為我們兄弟間彼此的笑談。我想我那時也不是真的想離開人世，只是想在別人眼前凸顯自己的重要性罷了。

梁靜茹〈偶陣雨〉裡的那句歌詞說得好：「誰的青春沒有淺淺的瘀青，誰的傷心能不留胎記？」

只可惜現實人生中的淺淺瘀青會留下，甚至會在長大以後逐漸膨脹。社會也似乎變成一個膨脹的時代，無論苦難、壓力還是人與人之間的競爭都在膨脹，唯有容納這一切的心變得越來越小。

或許我們有時候就是要吹吹冷風，才知道自己原本所擁有的是多麼溫暖。

二○一二年我開始寫《海賊王教我的五十件事》時，曾跟編輯起了很多次爭執。他常常要我改稿子。前幾次我接受了，但越改越多次後，彼此陷入了一種鬼打牆的狀態。有一天終於受不了，我在他再度要求我改稿子時，寫了一封很長很長的信，大意是：我為了夢想付出太多太多，既要一邊上班又要寫作，沒日沒夜的感覺很累；我不介意「累」，但我介意究竟要累「多久」才能走到終點，成就所謂的「夢想」？

編輯沒有回信，但事過境遷後去思考，我發現這件事根本沒有答案。若有答案，夢想的實踐就一點也不可貴了。

很多時候，當你以爲自己爲了夢想已經付出很多，其實你只付出了一個最基本的態

度。我曾經以為，只要我熱愛寫作、也肯寫就夠了。可是在夢想的藍圖裡，這不過是最基本的一種態度。

有那顆熱愛的心作為支撐，面對接踵而來的挑戰，才是考驗的關鍵。

面對生活壓力時，你是否仍願意為夢想付出？嘗盡人情冷暖後，你是否仍願意持續為理想燃燒？〈我是一隻小小鳥〉裡的那句歌詞說得更精闢：「生活的壓力與生命的尊嚴，哪一個重要！」

請容許我不用「問號」而改用「驚嘆號」作為這句話的結尾。因為面對挑戰時，你必須要有一顆持續為夢想付出的心，才有實踐的可能，不然一切的自我質疑都只是在無病呻吟，庸人自擾罷了。

每個人都有負面的情緒需要排解，壓力來襲時，恐懼會被放大，可是人不能敗給自己想像出來的恐懼。試著讓時間成為你的助力而不是壓力。因為也只有時間會直截了當挑明你的擁有和缺乏。

唯有抓住已知的，才能走向不可預期的未知。

出書以後，我常被讀者詢問兩個問題——

「面對挫折，如何維持動力？」

「失敗了，該怎麼保持一顆熱愛的心？」

第一次接受週刊專訪時，記者用更犀利的問法問：「今天你能做到這些事情，是不是因為你的成長環境不錯？畢竟你從小出國讀書，家裡沒有後顧之憂，如果今天出社會要扛學貸、扛家計，在現實的壓力下，你覺得自己還能保持熱情，對理想毫無保留的付出嗎？」

我聽到這個問題頗為意外，沉默很久才回答。的確，我的父母在自己經營的事業上算成功，讓我有機會出國讀書，出社會後沒有後顧之憂，這點我很感謝。可是，若說沒有埋怨過又太矯情，因為我也有熱情燃燒殆盡的時候，想過放棄，怨過周遭的人，最後能堅持下來，是因為我幫自己找了其他成功的例子作為目標，告訴自己，既然別人可以在更惡劣的環境都做到了，為什麼我不可以？

礙於篇幅，記者後來沒有著墨太多。但實際上沒有人天生很會說話，也沒有人一出

生就有能力，那些含著金湯匙長大的是少數中的少數，而一個真正有本事的人，不會埋怨自己為何不是富二代，反而會努力想成為開創成功的富一代。

人生沒有滿分，但相對的擁有進步空間。

曾有讀者問我：「冒牌生，你應該沒有遇過被最愛的人背叛，被家人放棄的感覺。你真的能想像被世界遺棄的感覺？說要幫你的人都不是認真的，所有的關心都是敷衍，你能體會對人生充滿失望與心痛嗎？」

他說，對世界感到失望，也能感受到人們不再抱任何希望的無奈與悲傷。因為有人有十個饅頭，卻連一口都不願意去分給身邊需要幫助的人。他只有一顆，卻分了一半出去，但沒有回報。於是他對這個世界感到失望和心痛。

我看完他的話，先是感謝他的願意付出，但既然願意給出一半的饅頭，那麼分享應該是開心的，失望的癥結在哪裡？

也許是因為你在付出的時候，也期待對方應該給出一半的饅頭吧。但**世界不是依照**

你的期待所運轉，我們也無法讓別人按照你的要求過活，所以不要對這個世界感到失望。讓自己成為更好的人，用更好的自己去影響那些因你而改變的人。

痛苦就像一個人逛街購物，沒人能與你分擔重量，你只能把它從一隻手換到另一隻手，不過，也沒人規定你不能暫時放下。休息以後再拿起來，就不會覺得太累。

從堅毅、忍耐到看淡得失，需要一段自我糾結的過程。而熱情就好像一顆電池，時間久了會沒電，充電的辦法也許是透過別人的鼓勵和肯定，可是真正維持動力的辦法，不是源自於別人的肯定，而是先學會肯定自己，相信自己的所作所為，享受解決問題的過程。

走過以後，才會發現只要肯堅持下去，自己內心深處的某些東西，遠比任何想像中的困難都要強大。

讓關心你的人放心

愛情、友情、親情，是一輩子的課題。

這陣子我埋首整理讀者的來信，其中有一封來自美國的信寫道，他隻身一人在美國讀高二，父親由於忙臺灣、大陸兩岸的事業而無法待在身邊，原本有母親陪著，但母親為了兼顧家庭和事業而忽略了健康，必須返臺就醫，只剩下他單獨留在美國求學。

事業成功的父親，對他有著高度的期待，但期待多了就變壓力，每次父子倆通電話，他都聽得出來一股恨鐵不成鋼的意味。

母親不在身邊，他開始獨自生活，每天回到家感覺冷冰冰的。生活中最親近的人突遭變故，再加上適逢升學的關鍵時刻，面對同學和心儀的女生，想到以後可能再也無緣見面，眼淚就不停落下。即使知道人難免要分離，卻不想如此傷心難過。

這種時候他最怕接到爸爸的來電，父親總在電話中反覆要他把書讀好。這讓他的壓

力逐漸升溫，但為了讓父母放心，只好忍著不說。

有一次他跟朋友在速食店讀書，才點了杯飲料爸爸就打來。反覆問他成績為何沒有達到標準，為什麼？雖然他表示已經盡力，可是父親聽不進他的解釋，只說，不管有沒有盡力，好的成績最重要。

於是他壓抑的情緒再也無法遏止，他和父親直接在電話中起了爭執，甚至要他父親閉嘴，用吼的，那是他第一次這麼對父親說話。背上的包袱好重快喘不過氣來了，再加上媽媽的健康、朋友、搬家、學業……所有東西都在一瞬間爆發了。

生活就好像一把斷弦的吉他，怎麼彈奏都不對。

這封信讓我回顧當年那段當小留學生的日子。

十五歲那年，我一個人離開臺灣到紐西蘭求學。出海關前，我在機場頭也不回的走，家人們在玻璃的另一頭，媽媽喊著再見。我聽著她的聲音不敢回頭，深怕一回頭眼淚就會掉下來，讓她看到她會更捨不得。而我將遠離臺灣，獨自一人到紐西蘭求學，回頭又有什麼用？

過了幾年，這件事情還讓我的母親難以忘記。她埋怨我當時為什麼不回頭跟家人道別，為什麼就這樣轉頭就走？

「我怕回頭以後會哭，你們會擔心。」

「難道你不回頭我們就不會擔心了嗎？」

媽媽的話讓我啞口無言，原來有時候，總是要事過境遷之後，才會發現自己所在乎的事是那麼不值得一提。天下父母心，不管你再怎麼隱藏，媽媽可能還是多多少少知道你的心事，只是誰也不願捅破那層薄紗，讓彼此更擔心罷了。

天知道我有多麼堅強，一個人在十五歲就到人生地不熟的紐西蘭待了七年，其中還每兩年換一次學校，直到大學時才穩穩當當的待了四年。

成長的過程中，我們會面對許多離別。有些離別，一說再見可能以後也無緣再見了。可是這些經驗讓我懂得了：雖然離別讓我們心痛，卻也逼得我們不得不快速成長，學會為他人著想。原來**回頭是讓關心你的人放心**，把事情說出來也不見得能夠改變現狀，卻可以緩解你和關心你的人心中那塊鬱悶。

身為留學生，也許無法決定停留的時間，但依然可以毫無保留付出真情真意。愛情、友情、親情，是我們一輩子都在學的課題，但它們永遠不會讓我們拿滿分。

在國外的那幾年，我一直把自己當作一個過客，找不到歸屬感。所以每當遇到愛情來敲門時，我都有一種抗拒的心態，也秉持著「既然沒有未來，又何必相愛」的心態。那時候我十九歲。直到大學後，我遇到了心儀的對象，但卡在自己的心態始終認為未來太縹緲，所以始終沒有給對方一個肯定的答案。

那一次大考我考壞了，心情很差，晃到了奧克蘭市區一間華人開的小租書店。租書店裡有臺電視，當時正播放一部由言情小說作品改編的電視劇，名字我已經忘了，只記得我把頭抬得高高的，站在那裡近一個小時，直到結束才離開。

那場戲的情節很虐心，兩個相愛的人互相折磨，最後差點跌落斷崖，永遠錯失彼此。片尾曲響起時，我竟哭得不能自已。隔壁一樣也哭得一把鼻涕、一把眼淚的老闆娘用非常理解的目光遞了衛生紙給我，讓我擦乾眼淚。

眼淚可以掩飾很多情緒，比如我的心虛和失落。那次清醒後，我尷尬地邊擦眼淚邊安慰自己，絕對是因為考試考砸了！我始終不願承認自己內心深處那種尋愛、渴愛的絃，就這麼輕易地被撥動了。

最後是我的朋友們把我點醒。他們問：「你到底是在矜持什麼？明明能夠在一起的時間已經不多了，又何必互相折磨，把彼此搞得更痛苦呢？」

那句話解開我的心結，也讓我和她度過了非常快樂的三個月。雖然最後沒辦法走下去，但那三個月的時光，給我再多的金錢和名利也不願意交換。

那次的感情走到底了才讓我明白，**重要的是過程，絕非結果。**與其去想未來分開的痛苦，更應該好好把握現在能夠相處的日子。

人很容易給自己套上許多枷鎖，這些枷鎖蹉跎了光陰，也讓我們失去了很多快樂的機會，但有一次在網路上看到一句話，把我點醒：**眞正的快樂，應該不是因爲擁有什麼，而是不害怕失去。**

有一句廣告臺詞說得好：「不在乎天長地久，只在乎曾經擁有。」也許有很多人會把這句話理解為不負責任，但對我來說，有時候，不是只在乎曾經擁有，不在乎天長地久，而是**既然知道不能天長地久，便好好珍惜此刻擁有**。每個人來到這個世界的時間都是有限的，若真的要鑽牛角尖，只會沒完沒了。只要兩個人認真的，誠實的參與每一個當下，付出自己的真心，又何必在乎天長地久？那些一個個串聯起來的「曾經擁有」，久而久之就是「天長地久」的存在了，不是嗎？

我們都期待愛情能夠像故事那般美好，但現實生活的愛情需要經營以及細心灌溉。這個世界也許太過淡薄無情，但固執的人們就是會在冷酷中尋求溫暖。

所謂的幸福，不在於你們一開始有多合得來，而是你們接下來有多少智慧去解決那些合不來。幸福也不是要先看到了才付出，而是先付出了才有機會看到。

喜歡的爭取，得到的珍惜，錯過的忘記。這些看似簡單的道理要做到並不簡單，但過程中請保持一顆赤子之心，不要因為害怕失去而不敢付出。想太多，只會導致更多問題，放下自己的執著，試著思考到底什麼是值得的吧！**人生是一種學著承受輕重的過程，而我們能做的是學會支撐自己那顆孤獨的心。**

女孩因為愛上一個人而長大，
男孩因為失去一個人而長大。

07 不計輸贏的愛情

愛情沒有勝負，
只有相處時是否幸福快樂。

世界上有七十億人口，遇到命中注定的對象，機率只有七十億分之一，機率比中樂透還低。這個數字常提醒我：「幸福難以掌握，遇到有緣的人，或許真需要一點點運氣。」

曾經有位網友跟我分享她的心情點滴，她認為，在華人社會裡好像女生主動付出感情就會被嫌棄，甚至被說得很難聽，從小父母教導的觀念也是要女性被動等待愛情與幸福。女生如果主動追求，就會顯得不莊重。

即使她始終相信：「主動很累，但如果不主動，對方也不會主動。」可是整個社會的觀感，尤其是東方社會，似乎總會貶低主動的女生。所以當她遇到喜歡的對象時，總是不曉得該怎麼做。

到底「誰該主動」一直是剪不斷理還亂的複雜問題。

記得我第一份工作時有對夫妻檔，由於女冷男熱的個性差異和女大男小的緣故，同事們都戲稱他們是「神雕俠侶」。

這對夫妻年紀不小，都已經是主管職位，收入不錯。平時兩人喜歡鬥嘴，也常看到他們在部落格（那時候臉書還沒普及）中晒恩愛，寫一些圖文並茂的外國遊記。

某次社交場合，話題聊到這對「神雕俠侶」夫妻，有人問起他們是誰先主動要求交往的？雙方竟異口同聲的表示是對方。

「小龍女」說：「是你先追我的！」

「過兒」有點無辜的說：「但當初是妳先送我情人節巧克力的……」

所有人都懂這種事認真就輸了，可是兩個人真槓上了，玩笑話引發了兩夫妻激烈的爭執，劍拔弩張的氣氛搞得全場都尷尬了。

可是這也讓我開始思考，主動的定義到底是什麼？是指主動告白或是主動製造機會？若雙方互相有好感，又何必計較是誰主動？在感情上會介意「誰主動」是不是因

為礙於面子，因為沒有人喜歡「輸」的感覺？

但愛情不是飢餓遊戲，兩個人既然真心相愛，又何必計較輸贏？畢竟如果不是雙方互有好感，也不會為彼此製造機會了，不是嗎？所以人們介意的點到底為何？

我想，也許是在還沒有確定對方的心意前，誰也不敢提早表態，不敢表態也許是擔心告白後會不會連朋友也做不成。

記得日本漫畫《灌籃高手》裡的櫻木花道嗎？國中三年追求過五十個女生都被拒絕，感情永遠是單戀狀態。只不過，櫻木花道的字典裡沒有放棄，上了高中遇見了赤木晴子又是一見傾心，只是這次他變聰明了，在絲毫沒有把握的情況下，拚命製造機會表達好感，讓自己進可攻、退可守。

這值得所有單戀的人學習。畢竟有時候，太過於有冒險精神只會讓自己屢屢失足，所以跟著櫻木花道的腳步，**從失敗中學習經驗吧！**在還沒有把握前，含蓄的表白比直截了當來得恰當。尤其是在還沒有形成互動關係的感情時，不用太急著踏出那一步，先確定自己的內心是否誠懇也許更有意義。

若是在時間不允許的狀態，你希望告白讓自己無悔，那麼其實無論對方是否選擇跟你在一起，真的不重要。只要鼓起勇氣告白，就已經做到許多人不敢做的事情了，即便結局不見得樂觀，也對得起自己，以及付出給她的這份感情。

聚餐的尾聲，「神雕俠侶」的男方讓步說：「對，是我主動的。」不過至今私下談到這個話題，他都會偷偷跟我說：「當年真的是她先送我情人節巧克力……」

其實，能夠討論誰主動的人是沉浸在幸福裡的，因為有很多人連談「誰主動」的機會都沒有。

我有位讀者是「戀愛零次男」，今年二十五歲，沒談過戀愛，雖然追求過兩個女孩子，但都以失敗告終。兩次的告白令他刻骨銘心，尤其是第二次，在某個聯誼場合認識了一位同公司不同部門的女孩子，曖昧一陣子後告白失敗，他無法排解被拒絕的情緒，開始質疑自己是不是太平庸？是不是應該換個城市再出發？

看完他的故事，我也跟他分享我的情傷經驗。我在紐西蘭剛進大學時，喜歡上了一個同樣來自臺灣的女孩子。她笑起來有兩個酒窩，很甜。我們的求學經歷很像，都是

從臺灣到大陸讀書，過了一陣子又到紐西蘭，對很多話題都有共鳴。

記得開始曖昧時，是個冬天假期，我跟別的同學事先約好去滑雪渡假，但她選了課，沒辦法抽身一起去玩。所以我們做了約定，一週後再見時會準備禮物給她。

那時候我有位男性友人跟她選了一樣的課。他說他可以當我們的月老，上課時幫我說好話，幫我和她湊成一對。

只是沒想到，過了一個禮拜回來，月老自己下場談戀愛。那年冬天，我失去了一個朋友，和我喜歡的人。

雖然朋友橫刀奪愛，但他誠懇的抱歉，並且告訴我，自己不應該這樣做，明明知道我喜歡她卻還是情不自禁。的確感情的事誰也說不準，責怪任何人也於事無補。他希望我能給予祝福，並且希望我們三個人還可以當朋友。

大概是因為愛面子吧，我沒有責怪任何人，還反過來安慰他，並且重申大家都還是朋友的立場。

事情傳開後，原本想安慰我的其他朋友，看我似乎調適得很好，也沒那種心碎的感

覺，他們回收同情，甚至有些個性急的人還罵我笨，識人不清，做人太假，明明應該決裂的事情，還怕彼此尷尬，強將苦往肚子裡吞。

我試著辯駁說我沒有，我真的是不介意了，也許就是跟她沒有緣分吧。並且試著說服自己，只有極少數的人是感情一帆風順的。

又過了幾個禮拜，我和朋友們相約ＫＴＶ唱歌解悶，有個人點了一首歌，歌詞裡有一句：「你們的幸福很完整，我的幸福卻被犧牲。傷我最深的人還在我面前，說別太殘忍。我想我只能說，成全你們不是我的責任。」

那是鄭秀文的〈完整〉，朋友唱完以後，我的眼淚止不住地流。直到現在，這首歌還是我不能觸碰的傷心點，每次聽到旋律，眼淚就鎖不住，心想怎麼會有人可以把我那時候的感覺描寫得絲絲入扣！我腦海反覆的播放最後一句歌詞：「成全你們，不是我的責任……」

現場的朋友們面面相覷，他們沒想到表面上沒事的我，把心事隱藏得如此深，就連破碎的時候自己也沒發現。

有時候，**「沒關係」只是一個不想面對自己的藉口。**當這個藉口被一首歌層層剝開後，情緒顯露，眼淚就再無法忍住了。

後知後覺的我從那天開始才變得沮喪，更有一種喪失自信的痛苦。我開始胡思亂想：是不是我不夠好，所以她才選擇了別人？如果我當初能再積極一點，是否一切就會不同了？

只是一切的問題都沒有意義了，愛這種東西由不得人，也無法解釋；如果能解釋，那就不是愛了。

事過境遷後，我捫心自問當時的痛到底是因為愛，還是不甘心？

以前的我沒有答案，直到現在過了好多年我才釐清：不甘心的程度大於愛。

既然對方已經選擇了轉彎，我又何必試圖追問對方的感受？那根本就是一件徒勞無功的事情。

沉澱以後，我懂了一個最重要的道理：愛情這東西，得到前令人患得患失，經歷過才知道深淺。誰主動，沒什麼好比的；為什麼「你愛的人不愛你」也不重要。因為**愛**

從來不是一場飢餓遊戲，沒有誰勝誰負，只有相處時是否幸福快樂。

每個人的一生中都會遇見很多人，但肯定不會一帆風順。不管發生什麼事，你毋須太過介懷，也不用為過去感到忿恨。因為走到最後，無非就是你在成長，別人也在成長。那些路過的人，學著一笑置之；那些值得守護的人，再讓他們成為彼此一輩子的承諾。

愛與被愛都是一種幸福。太過計較愛情的輸贏，只會得不償失。

08 真正的遺忘不需要努力

幾次遺憾，最終會讓你的人生更添韻味。

挫折會以很多種形式出現，有時學業、有時工作，更多時候來自於感情。告白失利時，我們很容易感到悲觀，因為那是一種被別人否定的感覺。

曾經有位香港讀者和我分享感情的失敗。他喜歡上一位女孩，但情敵早了三個月告白。為了選對時機告白，他總是以「朋友」的身分接近這個女生，透過默默關心的方式來更瞭解她。

終有一天，他決定告白，暗自決定就算被拒絕也無悔。結果不如人意，女孩希望他放棄，不想浪費彼此時間。他多多少少已經預見這個不樂觀的答案，只是沒有勇氣讓自己死心，於是找了很多藉口。而且心亂如麻，就算某種程度上明白是自討苦吃，還是希望可以和對方繼續當朋友。

有些人，比較有是非道德，不會透過愛來謀取好處，會明白了當的告訴你不要浪費時間在她身上。我另一位朋友就沒那麼幸運，他曾向一個不愛他的女生告白，除了一顆心掏出來，最後口袋也被掏空了。

不過，我一點都不同情那個自願上當的朋友，因為人可以受騙，卻不可以明知有洞還自願往下跳。受騙是上當，但自找罪受是犯賤。笨可以透過學習一再提升能力，但犯賤是無可救藥的。

每個人都期待擁有童話故事般的完美結局，可是生活不是童話，不可能永遠只停在公主王子從此以後過著幸福快樂的日子。

對我來說，**愛情最難熬的，從來不是你愛的人不愛你，而是你愛的人愛過你以後，最後卻不再愛你。**

身為小留學生的我，也曾有過一段相識相惜的愛，最後因為現實而分手。現在回想，心情還是一陣酸澀。

以前我一直告訴自己，真正的愛是願意為對方付出，就算相隔再遠，只要知道那顆遠方的心屬於你，想起來也是一種甜蜜幸福。後來我們因為學業關係分隔兩地，剛開始我對這份感情很有信心，天天打電話給她，暗自告訴自己：再遠，也不要被時間和距離給拆散。

可是隨著生活圈改變，彼此談論的話題很難產生共鳴。那信念反成了一種看不見的束縛。最終還是和平的說了再見。

分手的痛苦，讓我總是喜歡重溫從認識到結束的照片、信件、影片，甚至是通訊軟體的紀錄。那些內容有甜蜜有爭吵，彷彿這個人就在眼前，但現實卻已經不見了。

有一天我想努力忘記，決定刪除所有的照片、影片、通話紀錄……以為這樣做能夠把這個人在我生命中的痕跡連帶移除。

可是什麼叫做曾經？**你忘不掉的就是曾經。**對於那些忘不了的，不用強迫自己忘記，**真正的忘記不需要努力。**

我沒有因為刪掉那些資料而變得比較好過，她也依然是我生命中一個不可磨滅的痕跡，現在反而會因為再也找不到當初的那些記錄而後悔不已。

一首好聽的歌，需要幾個休止符才能變得更有層次，生活何嘗不是如此。也許凡事都適當的沉澱才會得到平靜，經歷幾次遺憾，最終會讓你的人生更添韻味。

感情是兩個人的事，我們不能控制，但即便如此，請依然保持那顆勇於尋愛的心。因為就算被奪走了一朵玫瑰，實際上仍擁有整個春天。我們需要的是，在轉身前把握相處的時時刻刻，離別時好好說句再見，醞釀下一次的遇見。

09

分手了，不一定還要做朋友

分手後，太多的關心只會干擾對方的未來。

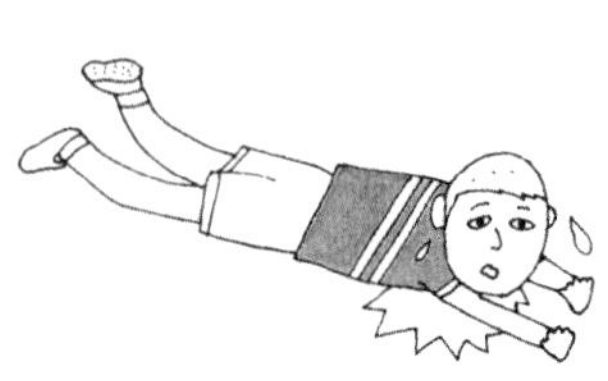

朋友小斌最近「剛分手」——其實這是他和同一個女友的第二次分手。兩人第一次分手後，還是在同一個生活圈，每天都會見面，也未向其他人公開，在外人眼中兩人還是情人。雖然後來破鏡重圓，可做了很多努力，兩人仍無法回到從前。

讓小斌堅決再次分手的原因是，小斌的女友與其他男性常有過度親密的行為。即便女方答應避免再有這些過於親密的接觸，也一直說不想傷害小斌，不想看到他難過，卻總是無法遵守承諾，每次有異性對她有親密舉動出現時，她都默默接受，不懂得拒絕，看在男方眼裡很是吃味，也無法接受，只好徹底終結這段感情。

這次的分手，對小斌造成很大的打擊，他懷疑自己是不是太愛吃醋，也不理解保護和吃醋的界線在哪裡？他開始恐懼愛情，也期待下一個她會是個懂得珍惜自己、保護自己的人。分手後兩人不再聯絡，形同陌路。

某次，看到電視新聞報導，某藝人宣布結婚的喜訊，媒體訪問新人的過往情人們有什麼想法，螢幕上那些過往前情人紛紛獻上祝福，這讓剛分手的小斌有感而發：「藝人EQ真高，我就做不到分手後還能當朋友！」

我當下反回：「為何分手後一定堅持要當朋友呢？」

「還是要做朋友」是許多人對分手後的期盼，但真正做到的絕對沒有幾個。既然分手了就是要各自繼續生活，心底存著一顆祝福的心就夠了，逢年過節打幾通問候的電話或簡訊也就很好了。有時太過關心只會干擾對方的生活。

昨天是情人，今天是普通朋友，也許這樣的驟然改變讓人無法接受，尤其當夜深人靜寂寞來襲時，不開心、不習慣在所難免。但分手就是分手，即便生活圈無法改變，彼此仍會遇見，也只能接受這種關係的轉變。其實這並不容易，畢竟曾經相處過的時間、曾經甜蜜的時光都不是假的。

如果分手了，那麼彼此的交集就已經過去了。日後離開同一個生活圈，兩個人也不可能成為一輩子的朋友，所以如果對方無法改變與異性相處的方式，又何必在乎這些瑣事呢？**心就像一個杯子，多裝一點希望，就少一分憂鬱；多裝一點簡單，就少一分死結。**何不讓自己心情好一點，為真正值得在乎的事努力比較重要。

愛情沒有時間表，因為愛從來不是單方面的承諾，而是雙方的配合與培養，所以想要等自己更成熟後才談戀愛，不太具有意義。再說，一個人何來「真正成熟」的時候？我們無時無刻不在變得更成熟，每次經歷都會在心底留下一點東西，造就更成熟的自己。也因此，才會逐漸瞭解過去是回不去的，放眼未來最重要。

「分手後還是朋友」這句愛情經典語錄，把它留在分手的當下就好，轉身之後，好好把握自己未來的幸福才要緊。也許凡事有例外，許多學生時期的愛，或者事過境遷後的感情，的確有可能昇華為親情或友情，但不管再怎麼和平理性，分手後都需要一段冷靜期。

世上最殘忍的工作，莫過於看著自己心碎，卻要自行將它黏起來。但這就是愛情，錯過了，遺憾了，最終才會學著珍惜。

VIEW 024

為夢想跌倒，痛也值得！

作　者—冒牌生
主　編—陳信宏
責任企畫—曾睦涵
插　圖—徐世賢 www.hsushihhsien.com
校　對—謝惠鈴、邱厚文

總 編 輯—李采洪
董 事 長—趙政岷
出 版 者—時報文化出版企業股份有限公司
一〇八〇一九　臺北市和平西路三段二四〇號三樓
發行專線—（〇二）二三〇六—六八四二
讀者服務專線—〇八〇〇—二三一—七〇五・（〇二）二三〇四—七一〇三
讀者服務傳真—（〇二）二三〇四—六八五八
郵撥—一九三四—四七二四　時報文化出版公司
信箱—一〇八九九臺北華江橋郵局第九九信箱

時報悅讀網—http://www.readingtimes.com.tw
讀者服務信箱—newlife@readingtimes.com.tw
時報出版愛讀書者粉絲團—http://www.facebook.com/readingtimes.2
法律顧問—理律法律事務所　陳長文律師、李念祖律師
印　刷—盈昌印刷有限公司
初版一刷—二〇一四年九月十二日
初版七刷—二〇二一年三月二十二日
定　價—新臺幣二七〇元
（缺頁或破損的書，請寄回更換）

時報文化出版公司成立於一九七五年，
並於一九九九年股票上櫃公開發行，於二〇〇八年脫離中時集團非屬旺中，
以「尊重智慧與創意的文化事業」為信念。

為夢想跌倒，痛也值得！／冒牌生　著
初版. -- 臺北市：時報文化, 2014.9
面；　公分. -- (VIEW，24)

ISBN 978-957-13-6060-7（平裝）

1.成功法　2.自我實現

177.2　　103016385

ISBN 978-957-13-6060-7
Printed in Taiwan